마음을 치유하는 영화

시네마 테라피

모경자 지음

하움

들어가는 말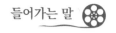

나는 심리학이 정말 궁금했다. 나의 심리, 나의 마음이 궁금했다.

왜 내 마음인데 내 마음대로 되질 않을까? 내 마음은 이런데 말은 왜 그렇게 했지? 어떤 사람, 상황, 말에 대한 내 생각과 행동은 늘 똑같은 패턴에서 벗어나질 못하고 있었고 그런 나 자신의 심리와 마음이 궁금했고 공부하고 싶었다.

그러던 중 그 당시 기업체 프로 강사 역할을 하던 내게 노동부의 추천으로 숙대와 인연이 되어 교육 심리학 이론을 접해 공부할 수 있는 기회가 왔고, 인생의 스승님을 만나 삶에 적용하게 되는 수련원의 스텝 역할을 하며 사람이 무엇인지와 마음의 구조가 어떻게 되었는지를 현장에서 약 15년 정도 배우며 "마음은 과학이고 실력이다."라는 것을 알게 되었다.

내 마음은 내 것이 아닌 마음 작용의 원리와 이해라는 것을 '영화'라는 매체를 통해 함께하는 친구들과 스토리텔링으로 쉽게 나누고 싶었다.

누군가가 내게 "시네마 테라피, 그거 왜 해요?"라고 묻길래,

"시네마가 테라피예요!"
라고 간단하게 말했으나 영화를 통한 자기 이야기로 연결하여
자기 수용이 일어날 수 있게 돕고 싶었다.

아픈 부분을 보고 인정하는 것은 마음을 잘 돌보는 것 중 하나이다.

시네마 테라피는 우리나라는 물론, 외국 문화까지 영화에서 보며 우리가 가지고 있던 기존 이념과 개념들을 현실의 내 문제와 결부해서 새로운 해석으로 나올 때만 확장될 수 있다.

특히, 빠르게 돌아가는 현시대의 사회, 문화, 정치, 경제, 성, 정서 등 정체성의 문제들은 용납은 놔두고서라도 이해만이라도 해야 한다.

그렇지 않으면 개인의 삶은 물론 가족, 직장, 사회, 관계가 힘들어지게 된다.

사람들은 자신들의 말을 하고 싶어 한다. 자신들의 말을 끝까지 경청만 해 주어도 웬만한 문제들은 스스로 해결해 가는 것을 알 수 있다. 그리고 금방 얼굴에 혈색이 돌고 미소가 머물며 마음이 착해지기 시작한다.

어린 시절에 받은 크고 작은 상처들을 잘 대해 주지 않고 어른이 되면 자신과 타인들에게 상처를 입히며 자신도 괴로움을 겪게 된다. 어린이들은 상처받을 때 아픔이 너무 크기에 대체로 억누른다. 이때 우리 몸의 모든 감각까지 같이 닫히게 되며 시간은 멈춘다. 몸은 다 큰 성인으로 살지만 마음은 어린 시절 상처받은 그때 그 시간에 머무르며 마치 둔기로 머리를 맞은 듯 불감증 상태로 오랫동안 살아가기 쉽다. 자신의 마음은 물론 타인의 마음과 상황 등을 잘 읽지 못하고 자신이 중요하다고 생각하는 것에만 꽂혀서 산다.

열심히는 살았지만 시간이 지난 후 어디서부터 잘못됐는지 모를 수도 있다.

어린 시절 학대 및 폭행을 당했던 사람들은 어른이 되어서 자신보다 힘없는 상대, 특히 자신의 아이들을 폭행하며 본인도 모르게 그 고통을 가했던 사람과 동일시하여 그 고통으로부터 벗어나려 한다.

그렇지 않은 경우 우울증, 두통, 소화기 장애 등으로 자기 자신을 처벌하는 '정신 신체화'로 증상이 나타나기도 한다.

또 다른 자기 처벌로 자신을 자책하며 죄의식과 심한 열등감을 느끼기도 한다.

이렇게 입력된 상처와 트라우마들은 뇌에 프로그래밍이 되어 모든 삶 속에 적용되기 쉽다. 그와 비슷한 사람, 상황, 분위기, 심지어 냄새까지 말이다. 본인의 의도와는 달리 일의 결과들은 무서울 정도로 미해결된 감정과 상처로 대가를 치르는 것을 볼 수 있다.

프로이트의 자기 수용은,

자신의 이야기를 하며 자신과 화해하며 애도하는 것을 중요시했다. 이런 일을 반복할수록 자신에게 넉넉해지며 남들도 선입견 없이 바라보고 대할 수 있기 때문에 자기 이야기, 즉 자기 수용은 행복한 삶을 위한 필수 조건이다.

사람들은 받아들인 것만 변화시킬 수 있다. 이때 자신의 가치를 발견하기 때문이다. 자기 수용은 자기 삶을 행복하게 잘 살 수 있게 한다. 이때 치유는 자동으로 일어나고 이것이 시네마 테라피를 하는 목적이기도 하다.

코로나19가 시작되고 교육, 미팅 등 사소한 대면 만남까지 부담스러워지면서 줌을 통해 일주일에 1회, 미리 소개한 영화를 만나면서 자신의 소감을 비롯한 자기 이야기로 이어졌다. 모임을 하며 "피드백을 하지 않으며 개인 이야기의 비밀을 유지한다."가 시네마 테라피 윤리 규정으로 정해졌다. 단톡방 역시 회원들께서 영화 관련 및 개인의 일에는 서로 지지하고 존중하면서 그만하고 싶을 때는 언제든지 인사하고 퇴장하는 매너들을 보여 주셨다.

점점 횟수가 더해 가며 내 마음의 감정과 나를 분리해서 보는 힘이 생기며 정직으로 고백하는 것이 진정한 힘이 되고 내 안의 양심이 꿈틀거린다는 것을 고백한다.

생각이라는 것은 참으로 묘해서 가만히 있어도 전혀 생각지도 못한 어린 시절부터 내 안에 채워지지 않고 미해결로 남아 있는 감정까지 올라와 나를 흔들기도 한다. 조금만 정신 줄을 놓으면 바로 그 에너지장으로 끌려 들어가 버려 어느 순간 나를 더 잠식해 버린다.

이런 감정들을 일주일에 1회씩 만나 내 안에 있는 감정들을 그대로 만나 주는 작업을 한 것이다.

감정은 감정일 뿐, 내가 아니다. 그때 그 일을 겪으며 나를 통과하지 못하고 남아 있는 에너지의 찌꺼기 덩어리일 뿐이다. 이런 것들을 말하며 토하면 그대로 배출되고 사라진다. 이 작업이 이뤄지지 않으면 어느 순간부터 이유 없이 마음이 우울하고 무기력하며 불안하고 온갖 피해망상증 등으로 힘들어지고 자존감이 낮아져서 남의 헐뜯고 의심하며 불평불만으로 내 삶을 깎아 먹는다. 또 그것을 피하려고 타인의 험담을 하고 쇼핑 중독, 심해지면 도박과 온갖 중독으로 시달리게 된다.

어느덧 시네마 테라피를 시작한 지 100회째를 맞이합니다.

이런 세계를 알게 해 주신 아침햇살 스승님께 감사의 말씀을 드립니다.

　한 스승님을 모시고 조율방에서 15여 년 이상을 함께 공부한 동료 산파님들과 시네마 테라피 100회가 되기까지 함께하며 자신의 이야기들을 정직, 진솔하게 나눠 준 분들께 감사의 말씀을 드리며 내가 이 땅에 와서 가장 가치 있는 '엄마'의 일을 할 수 있게 해 준 아들한테 이 책을 바칩니다.

추천사

아침햇살 (스승님)

모경자 선생의 시네마 테라피!

참 쉽고 재미있게 그러면서 감동이 일어나게 영화를 풀어놓았네요.

"이 영화가 이런 것이었어!" 하는 발견의 기쁨을 많이 만날 것입니다.

모경자 선생과는 15년 동안 100여 회 넘게 집단을 함께 꾸려 왔습니다. 나는 가까이서 그의 친절, 열정, 탐구심을 볼 수 있었습니다.

이런 그가 낳은 새로운 심리 여행기인 시네마 테라피! 추천합니다.

월아 (동료)

시네마 테라피 100회 기념 출판 축하합니다.

오랜 시간 사람이 무엇인지 마음 구조가 어떻게 되는지 묻고 배우고 깨달으며 15년간 걸어온 길에 시네마 테라피로 녹여 낸 가화당 님의 사랑 가득한 지혜가 넘쳐 나겠네요. 감동입니다.

박재연 (Joy2xapps 대표)

시네마 테라피 100회 기념 출판 축하드립니다.

나를 만나고 내 마음은 내 것이 아닌 마음 작용의 원리를 영화를 통해 치유와 회복이 일어나게 하신 가화당 님 너무 멋지고 존경스럽습니다.

책 너무 기대되고 축하드립니다.

김광일 (서울시립대 교수)

아직 학교에 다니기 전 꼬맹이 때 라디오에서 남궁옥분 노래가 나오면 반가운 마음에 항상 엄마한테 뛰어가 '우리 이모 노래'라고 소리쳤다고 합니다. 이모님께서 그 꼬맹이한테 기타를 치며 불러 주셨던 남궁옥분의 노래가 중년 아저씨가 된 지금 오늘까지도 따뜻하고 포근한 기억으로 남아 있습니다. 시네마 테라피를 함께하시는 모든 분도 밝고 맑은 이모의 에너지를 느끼실 거예요. 항상 제 마음에 힘을 주시는 이모, 책 출판 축하드리며 사랑합니다.

남명숙 ((주)닉스앤블루 재무이사)

시네마 테라피를 통해 어둡고 차갑고 힘든 두려움의 껍데기를 깨고 나와서 너로 나아가게 해 주는 통로가 되어 주신 것을 진심으로 감사하며 시네마 테라피 100회와 출간을 축하드립니다.

윤승제 (Genetec Korea Country Manager)

내겐 그리운 어머니 같이 품어 주는 분이요, 본받고 따르고 싶은 존경하는 선배이고 언제고 찾고 싶은 사랑하는 누이 같은 분입니다. 이번에 그간의 경험으로 책을 내신다고 하니 얼마나 많은 분이 감동하고 치유 경험을 할지 기대가 됩니다.

홍자연 코치 (코칭 공간 '온연' 대표, 한국경영코칭협회)

모경자 코치님의 출간을 진심으로 축하드립니다. 이 책을 통해 많은 사람의 마음이 이해받고 수용되길 기대합니다.

송민정 (특수아동 보육교사)

마음을 안다는 건 삶을 살아가는 데 강한 무기를 가진 것 같아 과거, 현재, 미래조차도 두렵지 않다. 두렵지 않은 삶을 안내해 주신 가화당 님 고맙습니다.

김태우 (동아전기공업 대표, 사단법인 이순신포럼 이사장)

이리 알아차리시고 아름답게 사시는 가화당 님 모습 최고이십니다. 100회 이어 가심을 축하드립니다.

김태규 (한겨레신문 기자)

날카로운 통찰력을 바탕으로 영화를 수단 삼아 사람의 마음을 움직이는 원리를 알기 쉽게 책으로 풀어내신 것 축하하며 상처받은 분들께 이 책을 추천합니다.

장새샘 (작가)

시네마 테라피 100회 기념 출판을 축하합니다.

영화를 통해 나의 모습을 발견하고 힐링과 치유까지 됩니다. 안내해 주시는 가화당 님 고맙습니다.

송인순 (동료)

시네마 테라피 100회로 가는 길에 이리 책 출판까지 하시는 모습 존경합니다. 영화를 통하여 사람들의 심리를 이해하고 통찰을 일으키는 모습 멋지네요.

가화당 님이 자랑스럽습니다.

이현미 (프로메사 대표)

시네마가 테라피 출간을 진심으로 축하드립니다.

이 책을 통해 많은 이의 삶이 풍요로워지기를 진심으로 기원합니다.

이경숭 (동료)

마음을 알고 싶어서, 나를 알고 싶어서 묻고 물으며, 치열하게 공부하고 나누며 드디어 여기까지 오셨네요. 가화당 님의 열정과 사랑이 시네마 테라피 100회 기념 출판으로 이어짐을 함께 축하합니다.

송민경 (브랜드 성공연구소 대표)

영화를 보는 나의 관점과 느낌은 내 묵은 상처였다. 영화의 빛은, 세상을 상처로 대하는 나를 흔들어 깨웠다. 우리를 치유해 주었다.

박정은 (동료)

시네마 테라피 100회 기념 출판을 축하드립니다.

가화당 님의 삶의 지혜가 녹아내려 있을 거라 기대됩니다.

김상목 (지엘라온 대표)

자식을 키우는 엄마의 마음으로 책 시네마 테라피를 내신 가화당 님의 뜻이 널리 펼쳐지시길 바랍니다.

이언숙 (동료)

시네마 테라피 100회 기념 출판 축하드립니다. 품격 있고 멋지게 삶을 살아가시는 가화당 님, 사랑하고 축복합니다. 기대됩니다.

윤영환 (변호사)

시네마 테라피를 통해 만난 삶과 가화당 님의 내공이 하이파이브를 하여 멋진 책이 나왔군요. 독자들에게도 치유와 깨달음의 호르몬이 흘러넘치기를 바랍니다. 축하드립니다.

채언 (동료)

시네마 테라피가 100회를 맞이하여 책 출판까지 참으로 멋지십니다. 인간의 심리에 탐구하고 삶에 적용하도록 코칭하셨던 모습, 감동입니다.

곽수인 (교사)

시네마 테라피 100회 기념 출판을 진심으로 축하드립니다. 삶을 예술로 일구시는 모습과 영화를 통한 삶의 향연까지 항상 본이 되고 있어 존경스럽습니다.

신영옥 (숲 해설가)

영화 속으로 들어가 주인공의 심정을 알아 가고 나의 마음도 알아 갑니다. 안내해 주신 가화당 님, 시네마 테라피 100회를 맞아 책으로 내시게 됨을 축하드립니다.

김신 (여행사 유로스테이션 대표)

호소력 있고 정돈된 그녀의 음색처럼, 매력 넘치고 질서 정연한 글들이 많은 사람을 치유하길 기원합니다.

차례

Part 1 가족의 이름으로

Part 2 사랑의 이름으로

Part 3 만남의 이름으로

Part 1

✦ 가족의 이름으로

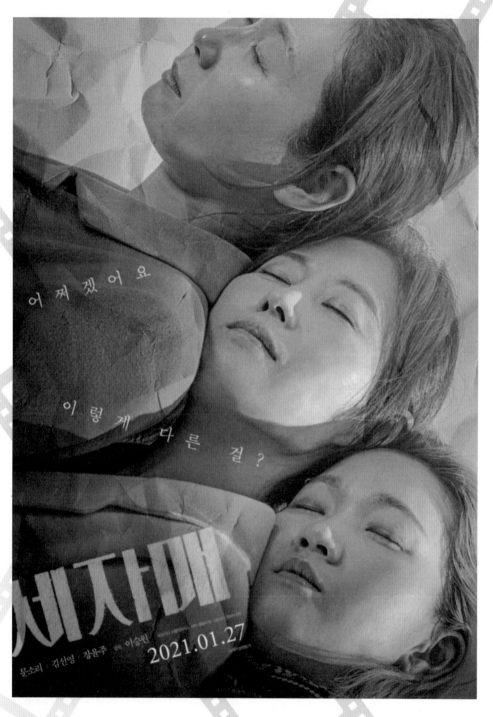

어쩌겠어요

이렇게 다른 걸?

세 자매

2021.01.27

문소리 / 김선영 / 장윤주 감독 이승원

감독: 이승원/한국/115분/2021년
출연: 문소리, 김선영, 장윤주 등

세자매

> 아버지, 사과하세요.
> 목사님한테 말고 언니와 우리한테요.

완벽한 척, 괜찮은 척, 아무렇지 않은 척, 그렇게 살아가는 세 자매가 어린 시절 술을 먹고 가족을 폭행했던 아버지에게 진정한 사과 한마디를 듣고 싶었던 진심을 발견하게 하는 영화이다.

어느 날 아버지는 술을 먹고 집에 들어와 아이들에게 소리를 지르며 욕하고 때리며 살림을 때려 부순다. 아버지는 넷째인 아들 진섭과 혼외 자식인 첫째 딸 희숙을 허리띠로 두들겨 팬다. 등짝에 멍이 있는 채로 첫째 희숙은 어린 남동생 진섭을 끌어안는다. 그것이 무서워서 둘째 미연과 셋째 미옥은 손을 잡고 엄동설한 겨울밤 내복 차림과 맨발로 밖으로 도망간다.

세월이 흘러 세 자매는 성인으로 성장했으나 상처 입은 어린 영혼들은 고스란히 그 성인들 속에 숨어 살며 세 자매는 자신도 모르는 일반적이지 않은 행동들을 한다.

첫째 딸 희숙

자기 학대의 대표 사례자인 혼외 자식 희숙은 아버지 집으로 들어와 불편을 감수하며 자신 때문에 그 어떤 일도 일어나서는 안 된다는 마음으로 살아간다. 꽃 가게를 운영하며 번 돈을 남편이 거칠게 뜯어 가며 자신의 몸에 수치심을 줘도 자신은 처벌받을 만하다며 감수한다.

암 선고도 받았으나 가족들에게 말하지 못한다. 늘 미안하다는 말로 얼굴에는 웃음을 보이며 살아도 가슴 밑바닥에는 수치심과 좌절의 큰 분노를 깔고 있다. 영화 속 자해하는 장면은 희숙의 자기 비하를 잘 보여 준다.

둘째 딸 미연

자신의 수치심을 감추기 위해 완벽한 가정인 척한다.

교수인 남편, 본인은 중대형 교회 성가대 지휘자, 집사, 철저하고 모범적인 가족 신앙생활을 하며 겉으로는 완벽한 부부, 행복한 가정을 보이려고 애를 쓰며 가족들을 자신의 기준으로 통제하며 동생 미옥도 자신이 보살펴야 한다는 수치심의 논리에 잡혀 산다.

셋째 딸 미옥

알코올 중독과 분노 조절 장애자이자 극작가인 미옥은 자신은 희생양이라며 매일 365일을 술로 살며 주변 사람들을 힘들게 하는 골칫덩이다.

주정을 부리며 자신의 억울함과 분노를 토해 내며 사는 미숙한 성인 아이 캐릭터다.

그리고 넷째 아들 진섭이까지 모두 4남매다.

아버지 생일에 4남매가 모이면서 벌어진 일을 보면서 왜 세 자매가 이렇게 사는지 이해가 된다.

아버지의 생일 기념 예배로 뷔페에서 목사님까지 모시고 온 식구가 한자리에 모인다. 장로님이신 아버지가 대표 기도를 할 때 소주를 따라 마시는 셋째 미옥, 늦게 나타난 막내 남동생 진섭이가 대표 기도를 하고 있는 아버지에게 다가가 테이블 위에 오줌을 싸 버린다.

생일 파티는 졸지에 아수라장이 되어 버렸고 뒤치다꺼리를 하다가 화가 난 둘째인 미연은 아버지에게 처음으로 이렇게 말한다. "아버지, 사과하세요. 목사님한테 말고 언니와 우리한테요."

이 말을 들은 세 자매의 부모는 생일 파티에 기도해 주려고 온 목사님을 챙기기 바빴고 그 말이 무슨 말인지 모른다.

영화 내용상 술을 먹고 폭력적인 예전의 아버지는 지금의 아버지가 아닌 듯했다.

아버지는 교회에 다니며 지난날의 잘못을 혼자서 뉘우쳤을 것이다.

"죄가 많은 곳에 은혜가 크다."라고 한 것처럼 자신의 부족이 더 크게 느껴져 신앙생활에 더 매진했을 수도 있다. 하지만 진정한 회개는 자신의 잘못을 식구들에게 고백하는 것부터이다.

교회에 다니며 종교 생활을 하면 그 사람으로부터 상처 입은 사람들이 알아서 그 사람의 면죄부를 줄 것이라 생각하는 것 같다.

특히 가족의 경우는 더더욱 그렇다. 어린 시절의 아이들은 부모로부터 받는 폭력이 생각보다 치명적이다. 이유야 어쨌든 상처받은 아이들과 상대에게 미안하다고 말해야 한다. 이것부터가 먼저인데 이 아버지는 이것이 생략되어 그냥 덮어쓰고 간 것이다. 가족이니깐, 자식이니깐….

만약 사과를 했음에도 상대가 못 받아들인다면 시간이 걸려도 그냥 기다려야 한다. 이것이 기도이고 구원이고 신앙의 완성이다.

가끔 교회나 수련회를 통해 극적으로 변화된 어떤 사람들을 보면 아슬아

슬할 때가 있다. 본인의 변화된 마음과 심정은 이해가 되지만 그동안 살아온 인과의 대가는 치러야 한다. 이 사람들은 본인이 변한 기준으로 관계하는 이들, 특히 가족들에게 갑자기 무언가를 많이 요구하고 지적을 한다. 본인과 관계하는 상대들은 요구한 만큼 더 힘들다. 요구가 아닌 진정한 회복은 사과가 먼저인데 말이다.

어떤 분이 내게,
"우리 집은 왜 이렇지요? 보통 사람들 가족은 서로 보듬고 사랑하고 어려울 때 힘이 되어 주고 그러잖아요. 그런데 왜 우리 집은 이게 안 될까요?"라며 전화로 신세를 한탄한다.
"보통 사람 집이요? 어느 집이요? 그렇게 되는 집은 따로 있어요! 서로 보듬고 어려울 때 힘이 되어 주려고 그동안 부모가 얼마나 많이 정성을 들이며 기다려 줬는데요~"

이런 집들은 아이들이 어릴 때부터 정서적 교류는 물론, 힘들 때 마음 나누기와 공감하기, 존중과 사랑을 기본으로 삶을 대하는 태도와 자세를 우선 가치로 가르친다. 자녀들이 성장하면 하고 싶은 말도 묻기 전에는 하지 않으며 이렇게 만들기 위해 수많은 시간 속에서 믿어 주고, 속아 주고, 모르는 척, 못 본 척을 해 주며 격려로 조율과 조절의 긴 침묵으로 이러한 것을 이어 왔을 것이다.
조부모부터 이렇게 조율된 집들은 이미 그것이 가정 문화와 예의로 장착이 되어 서로 보듬고 사랑하기에 어려울 때 힘이 되는 것은 노력이 아니라 너무 자연스러운 일이다. 이것이 잘 되는 집을 보고 일반화시켜 말하는 것은 좀 곤란하다.

둘째 딸 미연이의 "아버지, 사과하세요. 목사님한테 말고 언니와 우리한테요."라는 말을 듣고 아버지가 유리창에 이마를 찧고 피가 나도 딸들은 그런 모습을 보고 아파하거나 놀래기는커녕 "머리숱도 없는 양반이 보기만 더 흉하게 됐다."라고 말하며 세 자매는 바닷가로 함께 가서 옛일을 추억하며 부모가 아닌 서로가 서로를 보듬으며 영화는 끝이 난다.

수치심이 내면화되면 내면에서 수치스러운 기억들과 연결됨

수치스러운 기억들은 다양한 이미지로 기억의 창고에 저장되어 있다. 불행히도 우리 대부분이 그 수치스러운 감정들을 제대로 해소할 시간이 없었기에 기억하고도 싶지 않은 기억들이 우리 안에 꽁꽁 숨겨져 억압되어 있는 경우가 많다.

자기 분열과 외로움의 수치심

감정이 수치심으로 묶이게 되면 당신은 감정과 더욱 분리될 수밖에 없다. 그리하여 마침내 수치심이 당신 안에 완전히 자리 잡으면 당신 안에 있는 그 어느 것도 좋다고 느껴지지 않는다. 당신 안에 모든 것은 다 쓰레기같이 여겨져 자신을 실패자로 느끼게 된다. 당신은 자신이 아닌 것처럼 마치 무슨 감시의 대상인 것처럼 자신 내면을 비판적으로 보며 조각조각 찢어 놓는다.

경계선 인격 장애의 수치심

1. 자기 이미지를 구체화시키지 못함.
2. 개인의 생각, 기대, 느낌, 자존감을 표현하는 데 어려움을 겪음.
3. 자기 확신의 어려움 등이다.

모든 중독의 기초가 되는 뿌리 깊은 수치심

신경증적 수치심은 모든 중독과 강박적 행동의 근본적인 원인이다. 내 입장에서의 강박적/중독의 행동에 관한 정의는 '순간의 만족을 얻기 위해 삶 전체를 희생시키는 정신적 행위'이다.

사람들을 중독으로 몰아가는 중심에 깔린 생각은 자신이 열등하고 불안정한 사람이라는 생각이다. 그래서 이 생각은 달래 보고자 일과 쇼핑 또는 도박을 통해 몰두하여 잠시 잊으면서 순간적인 만족을 구하려 든다. 모두 정도에서 넘어서서 일 중독자는 일에서, 알코올 중독자는 술에서, 애정에 중독된 사람은 애정 행각에서 각자 즉각적인 위안을 얻으려고 든다. 하지만 이 모든 것은 내면의 불만족을 보상받으려는 행위이며 이에 따른 결과는 오히려 그 전보다 더 비참해지며 수치심의 정도가 더 깊어질 뿐이다. 이는 마치 원점으로 돌아오는 순환 고리와 같이 계속 악순환에 끝만 깊어질 뿐이다.

죄책감과 수치심

해로운 수치심과 죄책감은 분명히 구분된다. 올바른 죄책감은 뭔가 잘못을 하거나 자신의 믿음대로 행동하지 않았을 때 중심에서부터 드는 감정이다. 죄책감은 자신에 대한 경멸을 드러내는 입장보다는 오히려 자신에 대한 가치관의 통합된 입장에서 나오는 경우인데 포슨(Fossum)과 맨슨(Mason)에 따르면,

"죄책감을 느끼는 사람들은 '내가 그런 일을 저지르다니 믿을 수 없어.', '내가 어떻게 그런 일을 했을까.' 하는 정도이다. 이들의 말을 들어 보면 이들은 자신이 그런 일을 저질렀다는 게 믿어지지 않는다는 말이다. 이것을 보면 결국 죄책감은 자신의 가치를 좋게 보고 있기에 그가 그 자신이 믿는 방향대로 나아가지 않을 때 생기는 감정인 것이다. 하지만 수치심은 아예 자신의 가치를 좋게 여기지 않고, 수치스럽게 여긴다. 행동이 아닌 존재에 관해서 부정적인 감정을 느끼는 것을 의미한다."

-Facing Shame-

존 브래드쇼, 김홍찬, 고영주 옮김,
《수치심의 치유(한국상담심리연구원 2013)》30, 31, 32, 36

흐르는
강물처럼

A River Runs Through It

브래드 피트 / 크레이그 셰퍼 / 톰 스커릿

감독 로버트 레드포드

디지털 리마스터링

수입/배급 : ㈜엔케이컨텐츠   12세이상 관람가

 감독: 로버트 레드포드/원작(노먼 맥클레인 소설)/미국/123분
출연: 브래드 피트, 크레이그 셰퍼, 톰 스커릿 외

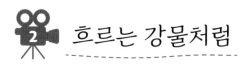

흐르는 강물처럼

> 완전히 이해할 수는 없어 보여도
> 완벽하게 사랑할 수는 있습니다.

낚시와 종교를 사랑하는 맥클레인 가족의 서사를 다룬 인생 영화이다.
시간이 흘러도 시대와 세대, 문명의 차이가 문제가 안 될 정도의 명작이다.

아버지 맥클레인은 "구원이나 송어처럼 좋은 것들은 은총으로 얻어지는
것이며 은총은 예술을 통해 얻어지나 그것은 쉽지 않다."라고 말한다.

여기서 예술은 낚시를 의미하고 인간의 악함은 끊임없는 반복을 통해 이
길 수 있다고 말한다.

낚시를 할 때는 제멋대로 느끼거나 기분대로 하지 않고 정확한 박자와
리듬을 익혀 갈 수 있게 메트로놈 수동 박자기를 켜 놓고 정교하게 훈련하
는 장면이 나온다.

정확한 박자 속에서 끊임없는 반복과 실패의 연속 경험들을 통해 자기
생각과 느낌이 먼저가 아닌 낚시의 원리를 터득하는 과정을 배운다. 그리
고 자연의 섭리와 이치를 깨닫고 이해하는 태도가 삶이 예술인 것을 알게
한다. 그것이 큰 은총과 구원이며 수많은 반복 속에서 인간 안에 있는 악한

생각까지 정화할 수 있다는 것을 알게 하는 영화이다.

나의 어린시절 반복의 훈련을 할 수 있던 곳이 학교 이외에 교회였다.

우리집 식구 모두는 일요일이면 반드시 가는 곳 이었다.

내가 유년부때(초1~2년)에는 세상 모든 사람들은 교회를 다 다니는 줄로 알고 있었다.

교회를 가는 끊임없는 반복을 통해 얻어진 것들이 지금의 내 인생에 돈으로는 살 수 없는 중요한 기초 근간이 되었다.

성가대를 하며 화음의 오묘한 세계와 성경암송을 통한 반복과 집중력 훈련등 여름성경학교, 손유회, 레크레이션댄스 제작을 통해 얻었던 현장 경험들로 기업체 조직활성화와 리더십, 고객만족 직원 훈련 서비스 프로그램을 만들어서 제공할 수 있었다.

나는 유능한 부모님 밑에서 자란 부잣집 딸도 아니었다. 지금의 내가 이 정도로 살수 있는 것은 그나마 교회를 꾸준하고 반복적으로 다녔던 혜택과 은총이다.

딱히 예를 든 교회가 아니더라도 어린시절부터 꾸준한 반복의 과정은 여러 거친 마음들이 정화되고 다듬어지며 은총으로 얻어지는 것들이 많다는 것과 나 역시 그 시대 가난과 무지속에서 살았던 부모들로 받았던 상처와 아픔들이 많이 순화된 것을 보면 영화속 내용들에 깊게 공감간다.

목사였던 그의 아버지는 삶의 원리와 인간의 심리를 정확하게 보고 자녀를 양육하고 목회하며 이웃 사회와 화목하며 살았던 그 의식이 존경스러웠다. 강요하지도, 바쁘지도 않으며 존중과 배려 속에서 충분히 기다려 줄 수 있었던 것은 노력이 아닌 몸에 밴 자연스러움이다.

코칭과 상담을 하며 사람들을 만날 때 그들이 어려움을 토로하는 것 중, 반복의 훈련이 안 된 부분이 많다. 원인이나 해법은 코칭이나 상담으로 가능하지만 넘어가는 것은 본인의 몫이다. 넘어가지 못한 과제는 자신 안에 남아 부모 탓, 환경 탓을 하며 남의 인정과 사랑에 목말라 구걸을 하기 쉽다. 한 번만 넘어가도 은총의 빛은 있다. 우리 안에 양심이라는 센서가 있어 뿌듯함과 자신감, 자존감으로 다가온다. 이것들이 축적되어 어느 날 자연스럽게 흐르는 강물처럼 골짜기도 흐르고 평지도 흐르고 폭포가 되어 힘차게 떨어지고 큰 강물을 이루며, 나의 삶이 타인과 비교될 필요 없는, 오롯이 완전한 내가 된다.

아버지 맥클레인은 어린 노먼에게 읽기와 쓰기를 통해 작문의 핵심은 '절제'라는 것을 알려 준다. 정성을 들여 문장을 줄이고 수정하기를 몇 번이고 반복하며 절제한 작문 노트를 아버지에게 보였을 때, 아버지가 "굿~!" 이라고 말하자 노먼은 그동안 작문을 했던 노트를 조금의 미련도 없이 쓰레기통에 버리고 밖으로 뛰어나간다. 그리고 후에 주어진 자유 시간 속에서 경험과 실천으로 자연에서 신의 질서를 배우게 한다.

최선을 다한 후 결과에 승복하며 받아들이는 태도와 자세를 노먼은 어릴 적부터 훈련하는 것을 볼 수 있다.

영화 속 둘째 아들(폴)의 죽음을 받아들이는 장면은 가족의 절제 능력을 배울 수 있는 명장면이다. 가족 모두 사실을 바탕으로 침묵하며 자신의 슬픔을 스스로 감당하는 장면이 우리나라의 정서상으로는 조금 당황할 정도이긴 했으나 시간이 흐른 후 아버지는 마지막 설교 중 다음과 같이 말한다.

"가장 가까운 사람들을 도와주지 못할 수도 있습니다. 어떤 도움을 주어야 하는지 모를 수도 있고 잘 알고 있다고 생각하고 믿었던 사람이 우리 손을 벗어나기도 하지만 그래도 그들을 사랑할 수는 있습니다. 완전히 이해할 수는 없어 보여도 완벽하게 사랑할 수는 있습니다."

바쁜 현대인들이 주말이면 넷플릭스를 통해 정치, 경제, 사회, 문화, 오락, 여행, 등 많은 정보 등을 접할 수 있는 우리는 좋은 시절 속에 살고 있다.

이 시대에 꼭 필요해서 나타난 〈친절한 금자씨〉와도 같은 넷플릭스에 개인적으로 고맙기까지 하다. 물론 혀를 내두를 정도의 폭력물도 있기는 하나 적당한 선에서 양 조절을 해 가며 보기만 하면 인간의 악함이 어디까지인지를 아는 것도 살아가는 능력과 지혜 중 하나라고 본다.

또한 사이코패스들과 같은 건강하지 않은 에고 놀음에 사이비 종교 지도자들의 이야기들도 오히려 낱낱이 파헤쳐 주니 말이다.

그중 영화를 본다면 〈흐르는 강물처럼〉을 우선 추천을 해 보는 것이다.

물질만능주의로 팽배한 현 사회에 바쁘고 중요하며 효율이 큰 것에만 집중되는 때에 〈흐르는 강물처럼〉과 같은 영화를 통해 우리 안에 본성과 신성이 흐르게 해야 한다.

영화가 끝나고 난 뒤 가슴이 촉촉해지며 사람으로 태어난 것이 얼마나 감사한지 알게 하는 고마운 인생 영화이다.

감독: 론 하워드/116분/미국/2020년
출연: 에이미 아담스, 글렌 클로즈, 가브리엘 바소 외

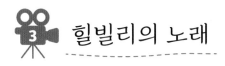

3 힐빌리의 노래

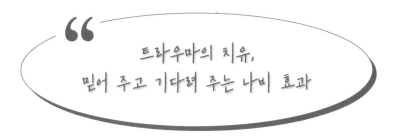

> "
> 트라우마의 치유,
> 믿어 주고 기다려 주는 나비 효과

이 영화는 J.D. 밴스의 어린 시절 실화이다

J.D. 밴스는 예일대 로스쿨을 졸업하고 사랑하는 사람과 결혼하여 행복한 가정을 이루고 살아가고 있는 미국의 덕망 있는 젊은 사업가이다.

〈힐빌리의 노래〉는 가난하고 소외된 백인층의 삶을 노래한 내용의 영화이다. 당시 미국에서는 '힐빌리' 출신을 무시하고 경멸했다고 한다.

이 영화는 주인공인 J.D. 밴스의 어린 시절 불우한 환경이 인생 전체에 어떤 영향을 주는지와 끊임없이 더 나은 선택을 하는 J.D. 밴스 행동에 중요한 메시지를 담고 있다.

J.D. 밴스는 미국 오하이오의 러스트 벨트라는 가난한 철광 도시에서 어린 시절을 보냈다. 러스트 벨트라는 곳은 처음에는 미국 전체 고용 인원의 43%나 되는 값싼 노동력을 제공하며 시장의 활기를 띠었으나 1970년 이후부터 많은 공장이 중국과 동유럽으로 옮겨 가며 실업자가 생기고 대책을

세우지 못한 사람들에게는 또다시 정서적 빈곤과 가난이 대물림되는 시대적 배경을 깔고 있다.

　J.D. 밴스의 부모는 J.D. 밴스가 9살 때 이혼을 했고 아버지는 양육비 때문에 친권을 포기해 아버지로부터 버림받았다는 아픔을 느낀다. 엄마 역시 계속해서 새로운 남자들을 만나 결혼하면서 본인의 이름이 바뀌고 평생을 약물 중독자로 살았다. J.D. 밴스에게는 이복동생들까지 생김은 물론 엄마는 어린 J.D. 밴스를 폭력으로 학대하고 자신은 자살 기도를 하는 등 늘 불안해하며 새 남편과 소리를 지르며 싸움을 밥 먹듯이 했다.

　J.D. 밴스의 외할아버지는 술만 먹으면 주정뱅이가 되어 할머니와 자녀들을 때리고 물건을 집어 던지며 난폭해져 J.D. 밴스의 엄마 역시 어린 시절 늘 불안하고 암울했던 것이다. J.D. 밴스의 가정뿐만 아니라 이 동네 전체가 늘 싸우고 시끄럽고 불안했다. 그럼에도 불구하고 어린 J.D. 밴스에게 할머니의 역할은 매우 중요했다. 할머니는 J.D. 밴스에게 그나마 안정된 사랑을 주고 "너는 반드시 교육을 받아야 한다, 그리고 하고 싶은 일들은 뭐든지 할 수 있다"라며 희망을 준다.

　그리고 하고 싶은 일들은 뭐든지 할 수 있다는 희망을 준다.

　인간은 끊임없이 자신을 믿어 주고 지지하고 응원해 주는 단 한 사람만 있어도 포기하지 않는다. 꼭 그것이 부모가 아니더라도 교회의 목사님, 절의 스님, 회사의 상사, 학원 선생님, 하다못해 동네 슈퍼 사장님의 따뜻한 한마디에 인간은 인정받고 자신감이 살아난다.

　엄마는 약에 손을 대기 시작하며 정신을 못 차렸고 결국 J.D. 밴스는 아이들과 함께 큰 사고를 친다. 그것을 알게 된 할머니는 엄마 곁에서 J.D. 밴스를 떼어 내어 자신의 집으로 데려와서 생활하게 한다. J.D. 밴스는 엄마가 아니라 할머니를 선택하는 바람에 본인의 인생 경로가 틀어진다.

"엄마도 공부 잘했는데 저렇게 됐잖아요."라고 말하는 J.D. 밴스에게 할머니는 단호하면서도 명료하게 말한다.

"기회가 중요한 거야. 노력하지 않으면 기회도 오지 않아."

할머니는 알았다. J.D. 밴스에게 다시는 이 지독한 가난과 정서적 빈곤을 물려주지 않으려면 어떻게 해야 하는지를….

음식 지원을 받으며 생활하는 할머니가 자신보다는 J.D. 밴스를 주려고 음식을 더 달라 구걸하는 모습을 보게 된 J.D. 밴스는 비로소 정신을 차리게 되고 결심하기 시작한다.

그동안 하지 않았던 집안일과 알바도 하고, 공부도 열심히 해서 성적을 올려 반에서 1등도 한다.

J.D. 밴스가 자신의 환경을 극복하고 명문대를 졸업하고 사업도 하고 책도 내고 자신의 이야기를 영화로도 만들 수 있었던 것의 가장 큰 공로자는 어찌 보면 할머니라고 볼 수 있다.

우리는 늘 선택을 하며 살아간다. 더 나은 선택을 하기 위한 행동과 감당해야 할 감정까지 모두를 말이다.

선택을 하고 행동을 하기까지 수많은 감정과 싸워야 한다. 이때, 과거의 감정에 묶이면 우리는 선택의 폭이 작아진다. 환경이 열악할수록, 어린 나이일수록 그런 감정 속에서 빠져나온다는 것은 그리 쉬운 일이 아니다. 어른들에게서 배워 본 적이 없어서 더더욱 그렇다. 어른들의 영향권 아래 놓여 있는 아이들에게는 판단하고 행동할 힘이 없음에도 J.D. 밴스가 훌륭한 것은 노력을 하며 빠져나왔다는 것이다.

어린 시절 최고의 복은 성숙한 어른들이 옆에 있다는 점이다. 그러면 아무리 환경이 가난하고 열악해도 극복할 수 있다.

약 5~7년 전, 상담과 코칭으로 만나는 분들의 이슈는 돈이 없어서, 학력이 부족해서, 몸에 장애로 등이었다면 요즘에는 주로 감정에서 오는 것이 많다. 우울, 공황, 불안, 피해망상, 대인 기피, 외모 부족 등이다.

상태가 심각하다 할 때, 깊게 살펴보면 본인의 문제가 아닌 부모로부터 고스란히 이어 온 정서와 감정을 본인이 해결 못한 채 자신의 감정까지 덧붙여 말하고 있는 것을 발견한다.

부모와 살면서 음식으로 쌓이고, 말로 쌓이고, 눈빛으로 쌓이고, 행동과 습관으로 쌓여 어느 날 그것에 눌려 어디서부터 무엇 때문에 틀어졌는지도 모를 정도이면 해답은 일단 '떠나라~~'이다. 몸이 먼저 떠나야 마음도 떠나며 그때부터 해결의 실마리가 나오기 시작한다.

안 떠나면 본인은 부모보다 더한 삶을 살 수 있다.

이때, 가족이라는 이름하에 함께 있으며 건강하지 않은 정서적, 정신적 빈곤을 대물림하면 안 된다. 폭력, 술, 도박, 약물, 성(性), 등 트라우마는 반드시 치료를 받아야 한다.

우리는 얼마든지 치료가 가능한 좋은 세상에 살고 있다. 전문의들도 많이 있고 병원도 천지다. 당장 휴대폰 유튜브 검색란에 제목만 쳐도 어마어마한 정보와 실력자들이 많다. 정보도 흘러넘치고 사례들도 얼마든지 있어서 내가 선택하면 함께할 사람들도 많다.

밖으로 나와 땀을 흘리고 친구들과 이야기하고 재미있게 살 수 있는 정말 좋은 세상이다.

트라우마

과거에 경험했던 공포와 같은 순간이 발생했을 때 당시의 감정을 느끼면서 심리적 불안을 겪는 증상으로 정신적 외상의 의미가 크다.

트라우마의 정의가 어느 한 사건, 특정 사물 등을 매개로 하여 마음의 공포를 불러일으키는 상황을 가리키는 편이지만 특정 시절 자체를 떠올리는 것만으로 마음속의 분노, 지우고 싶은 기피 본능을 유발하는 등 지속적인 심적 고통 또한 트라우마의 한 갈래가 될 수도 있다.두드러지는 특징은 자신의 흑역사에 대한 방어 본능, 흑역사를 만들게 했던 대상에 대한 증오감이 뒤섞여 심적으로 고통을 느끼고 민감하게 반응하거나 분노를 표하는 것이다. 심하지 않은 경우는 이불킥이라든지 일상적인 스트레스 수준에 그치지만 그렇지 않다면 인격적으로 삐뚤어지는 주요한 원인이 될 수 있으며 특정 대상 및 주제, 상황에 대해 증오 발언을 쏟아 내거나 혹은 그 증오가 무기력, 무능력했던 자신으로 향하여 자기혐오로 발전할 수도 있다.

학창 시절의 따돌림, 괴롭힘 등의 기억이나 군대에서 관심 병사로 지내던 시절 등 괴롭거나 부끄럽고 지우고 싶은 기억들이 이에 해당할 수 있다. 최근에는 다수의 커뮤니티에서 이런 지우고 싶은 기억들이 떠올라 부끄러움과 분노로 고통받는 상황을 가리켜 기억 폭력을 당한다고 지칭하는 편이다.

이러한 증상이 계속 이어지면 조울증이나 우울증, 강박 장애, 피해망상, 무기력증을 불러일으킬 수 있으므로 제때 상담과 치료를 받는 게 중요하다. 대다수의 상담사가 나가서 활동을 해 보라는 것은 운동 같은 체육 활동을 하라는 의미로 실제로 운동을 하다 보면 스트레스가 완화되는 효과도 있으며 사람이 지금 당장 하기 쉬운 활동이기도 하기에 추천해 주는 것이다.

트라우마 치료 방법-글쓰기

직접 경험한 외상을 하나의 스토리라인을 갖춘 이야기로 만들면서 그 경험에 대해서, 그리고 그 경험이 자신과 타인에게 어떤 영향을 미쳤는지에 대해서 기술하는 기법이다. 이는 페니베이커(James Pennebaker)의 글쓰기 치료 기법 중 이야기를 짓고 편집하기의 한 부분으로, 자신이 겪은 일을 일관성 있는 이야기로 만들어 낼 수 있을 때 외상 치료 효과를 볼 수 있다는 연구 결과를 바탕으로 하였다.

트라우마로 이야기 만들기 기법을 적용하여 일관성 있는 이야기를 구성해 봄으로써, 자신이 경험했던 외상이 어떤 의미를 지니는지 탐색할 수 있다. 이 기법은 단계별로 시행한다.

1단계에서는 여타의 표현적 글쓰기 기법과 마찬가지로 아무 의도나 검열 없이 일어난 사건에 대해서 있는 그대로 문법이나 철자법 등을 고려하지 않은 채 10분 정도 시간을 잡고 털어 내듯 글을 쓴다.

2단계로 넘어가면 1단계에서 쓴 글을 다시 일관되게 짜임새 있는 구성 요소를 생각하며 새로 써 본다. 특히 사건 자체의 묘사와 그것이 미친 단기적·장기적 결과, 그 의미 등에 초점을 둔다.

글을 쓸 때는 기본적으로 페니베이커가 제시한 글쓰기 기술의 원칙과 과정을 따른다. 쓰다 보면 본질적인 면에서 벗어나 있거나 빠트린 부분, 혹은 왜곡되거나 잘못 기술한 부분을 발견할 수 있다. 이때 수정 작업을 한다. 컴퓨터나 공책을 이용해서 깨끗하게 옮겨 쓰면서, 문법이나 철자법을 수정하고, 이야기 구조를 다시 잡아 보기도 한다. 한참 작업을 한 뒤에는 휴식 시간을 갖는다. 이후 다시 이야기를 탐색하면서 이야기에 더 많은 변화를 준다. 이야기를 쓸 때는 처음, 가운데, 끝을 분명히 하고, 이야기의 목적과 요점을 명확하게 드러낸다. 여러 번 수정 작업을 거치고 이야기 구조를 일관성 있게 만드는 과정을 통해 자신의 외상 경험에서 벗어나 그 경험을 하나의 객관적 사건으로 바라볼 수 있게 된다.

출처:《상담학 사전》, 2016. 01. 15., 김춘경, 이수연, 이윤주, 정종진, 최웅용

BÁRBARA LENNIE   SUSI SÁNCHEZ

LA ENFERMEDAD DEL
DOMINGO

UNA PELICULA DE
RAMÓN SALAZAR

감독: 라몬 살라자르/스페인/112분/2022년
출연: 수기 산체스, 바바라 레니

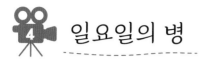

4 일요일의 병

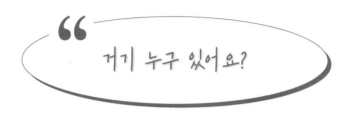

거기 누구 있어요?

43세인 주인공 키아라는 엄마가 자신을 버리고 집을 떠날 때 바라봤던 창문에 오늘도 걸터앉아 엄마가 돌아오기를 기다리며 살고 있다. 8살짜리였던 키아라에게 엄마가 집을 떠나기 전 화장을 했던 그 화장품들이 어디에 어떻게 널브러져 있었는지 그날, 그 시간의 장면은 정지되어 있었다. 자신의 지병으로 죽음이 임박한 것을 알게 된 키아라는 마지막 시간을 엄마와 함께 10일 동안 있기를 원해 엄마를 찾아간다.

성공한 사업가로 살고 있는 엄마 아나벨은 불쑥 찾아온 키아라를 보고 반가움보다는 그동안 자신의 성공을 위해 철저히 숨기며 살아온 것들을 들킬까 봐 두려워한다.

찾아온 키아라에게 "무엇을 원하는가?"라는 질문에 "10일 동안 함께 있기를 원한다."라고 하자 아나벨의 변호사는 모든 재산권과 상속권 포기 각서와 이후 또 찾아오지 않겠다는 각서에 사인까지를 요구한다. 키아라는 조금도 미련 없이 사인을 해 준 후 두 모녀의 10일의 동거가 시작된다.

키아라 마음 안에는 사랑도 받고 싶고 미워도 하는 엄마에 대한 양가의 감정이 있다. 아나벨은 35년 만에 집에 왔으나 여전히 딸 키아라가 자신을 헤치지 않을까 하는 두려움이 크다.

다음 날 아침 키아라는 우물에 빠진 개를 목욕시키며 마치 자신의 모습처럼 투사하여 개에게 하는 말로 엄마에게 듣고 싶은 사과와 위로의 말을 하기도 하며 엄마가 입은 비싼 옷에 실수인 양 물을 뿌리기도 한다. 엄마와 함께 공원에 나와 회전목마를 타던 중 엄마 몰래 갑자기 사라져 버린 후 자신을 찾게 하는가 하면 낯선 남자 품에 안겨 엄마의 반응을 보려고 애를 쓰는 것이 마치 어린 시절 '까꿍' 놀이처럼 엄마에 대한 자신의 존재를 확인하기도 하며 사춘기 시절로 돌아간 듯한 모습을 보이기도 한다. 그렇게 키아라는 엄마에게 애증의 모습을 쏟아 낸다.

어느 날 밤 두 사람은 오래전 가족사진들을 보며 마음의 문을 서서히 열기 시작하고 엄마가 "내가 왜 떠났는지 알고 싶냐?"라며 먼저 말을 꺼낸다. 키아라는 "날 떠났을 때 무슨 생각을 했는지?"라며 서로 깊은 대화가 오가던 중 엄마 아나벨이 키아라의 몸이 편치 않은 것을 눈치채고 "얼마나 아픈 거니? 네가 원하는 만큼 며칠 더 있을까?"라고 하자 키아라는 "신파 찍지 말아라. 면전에 침 뱉고 싶으니까. 8살짜리 딸을 버린 여자는 아무것도 모른다, 평생 이 창가에서 엄마가 돌아오길 기다리는 아이를…. 난 지금도 술취해 몇 시간이고 이렇게 앉아서 기다린다고…."라고 울부짖으며 화가 나서 들고 있던 찻잔을 엄마에게 던져 아나벨의 이마가 찢어져 피를 흘린다.

나는 이 장면이 '드디어 두 모녀의 진정한 화해가 시작되는구나!'라며 기대되었다. 진정한 화해가 되려면 그동안 묵혀 왔던 감정들에 대충 미안함과 고마움이 아닌 마음의 문을 열고 피 터지게 싸워야 한다.

키아라는 35년 동안 유기 불안의 상처와 아픔을 엄마에게 격한 분노로 토해 내는 장면은 오히려 엄마를 사랑하는 간절함과 진정성으로 느껴졌다.

진짜 사랑하는 마음이 없으면 화도 안 난다. 그 후 두 모녀는 자연스러운 소통이 시작된다.

키아라는 엄마의 진심을 알게 되고 자신이 고통에서 벗어나 쉽게 해 줄 상대로 엄마를 믿고 마지막 소원인 자신이 원하는 '죽는 방법'을 도와 달라는 말을 한다. 엄마를 전적으로 신뢰하는 마음으로 할 수 있는 행동이다.

엄마는 키아라의 소원대로 키아라를 처음 낳았을 때처럼 맨몸으로 키아라를 안고서 연못 속으로 들어가 그 약속을 지켜 준다.

일요일은 주로 가족과 함께하는 시간이다. 하지만 키아라에게는 자신이 가장 사랑했고 미워하기도 한 엄마와 화해하고 이별하는 날이다.

"거기 누구 있어요?"

엄마 아나벨이 동굴 앞에서 하는 말이다.

동굴 안에 숨에 있는 자신을 부르는 듯하다. 딸과 함께하는 10일 동안 자신이 버리고 떠난 삶과 화해하며 자신에게로 돌아가는 것을 보게 하는 깊은 여운의 장면이다. 이 영화의 의미를 한 장으로 표현한다면 아마 이 부분이 아닐까 한다.

인간은 살면서 외면하고 싶고 가리고 싶은 부분들이 있다. 아니 어쩌면 버렸을 수도 있는, 그래서 동굴 안에 꽁꽁 숨겨 놓고 가둬 놓은 부분들 말이다. 상처로 얼룩진 자존감, 열등감, 수치심, 상실, 실연, 등을 동굴에 숨긴 채 열심히 산다.

돈도 많이 벌어 성공도 하며 살아가지만 가슴은 늘 허전하다.

융 분석가이자 심리학자인 저자 **로버트 A. 존슨**은 융 심리학 이론을 토대로 인간 내면에 숨어 있는 어두운 존재, 그림자를 탐구한 저서 《**당신의 그림자가 울고 있다**》에서는 인간에게 그림자란 무엇이고, 우리 삶에 미치는지 영향과 그림자를 받아들여 완성된 삶이 어떠한지를 말하고 있다.

우리는 모두 온전하게 태어나며, 대부분 온전하게 죽길 바란다. 그러나 인간은 성장 과정 초기에 선악과나무에 달려 있는 신비로운 과일 하나를 따 먹는 순간부터 그림자가 만들어진다. 이때부터 삶에서 분리가 일어나는 것이다.

자기 자신의 어두운 면을 감추려고 애쓰는 것보다 그림자의 고상한 면을 발견했을 때 이에 저항하느라 더 큰 에너지를 쏟는다는 사실은 흥미롭다. 벽장 속에서 해골을 끄집어내는 것은 상대적으로 쉬운 일이다. 그렇지만 그림자 속에 들어 있는 금을 찾아내서 자기 것을 만들라고 하면 경악을 금치 못한다. 자신이 무능하다는 사실을 깨닫게 되는 것보다, 심오하고 고결한 특질을 지닌 존재라는 사실을 발견할 때 혼란스러움은 훨씬 더 커진다. 물론 우리는 모두 이 양면을 가지고 있다. 이 두 자기를 한꺼번에 발견할 수는 없지만 말이다.

우리 내면의 금은 숭고한 소명과 관련되어 있다. 일생을 살면서 어떤 시기에는 자신의 금을 받아들이기가 어렵다. 그러나 내면의 금을 무시하는 것은 내면의 금을 무시하는 것만큼이나 위험하다. 자기 안에 있는 금을 캐 드러내는 법을 배우는 과정에서 심한 충격을 받는 사람들이 있다. 그들은 고통스러워하며 때론 중병을 앓기도 한다. 하지만 이런 종류의 강하고 두려운 체험은 때때로 필요하다. 이는 우리 내면에 대단히 중요한 어떤 것이 오랜 시간 동면을 하여 개발되지 않은 채 남아 있다는 점을 상기시켜 주기 때문이다.

어느 장소, 어느 문화권에서 태어나 성장하든 성인기에 도달할 즈음엔 자아와 그림자, 즉 옳고 그름의 체계를 명확하게 확립하며 이 사이에서 시소게임을 한다. 종교 생활은 분리된 삶을 살고 있는 우리가 다시 전일성을 회복할 수 있도록 도와준다.

종교란 단어는 다시 연결하고, 원천과 하나가 되는 상태로 돌아가며, 분리된 상처를 치유한다는 의미가 내포되어 있다. 동물적인 상태에서 벗어나 우리 자신을 고양시키는 문명화 과정은 반드시 필요하다. 그러나 분열되고 소외된 세계를 다시 하나로 연결하는 영적인 과제 또한 그에 못지않게 중요하다.

《당신의 그림자가 울고 있다》,
로버트 A 존슨, 고혜경 옮김(에코의 서재 2007), 22, 23P

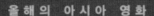

올해의 아시아 영화
Asian Movie Pulse

제20회 전주국제영화제 CGV아트하우스 창작지원상
제15회 바르샤바 국제영화제 신인감독경쟁 대상
제1회 비스타우국제영화제 경쟁부문 대상
제7회 인천독립영화제 관객상

이
장

MOVE THE GRAVE

"장남 없으면
아버지 묘 이장도 못해요?"

장리우 이선희 공민정 윤금선아 곽민규 강민준 감독 정승오

2020.3.25

감독: 정승오/한국/94분/2020년
출연: 장리우, 이선희, 공민정, 윤금선아, 곽민규

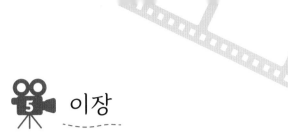

이장

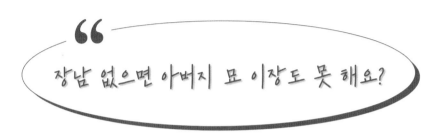

" 장남 없으면 아버지 묘 이장도 못 해요?

추모 공원 재개발로 아버지 묘를 이장해 달라는 메시지를 받은 장녀 혜영은 형제 중 연락이 안 되는 남동생 승락만 빼고 네 자매 모두를 불러 시골 고향 집으로 간다.

"어떻게 장남도 없이 무덤을 파냐? 당장 데려와!"라는 큰아버지의 호통에 넷째인 혜연은 "아니, 근데 우린 자식 아니에요? 우리가 왔으면 됐지! 걔 하나 없다고 뭐 크게 달라져요? 장남 타령 좀 그만하세요!"라며 대든다.

큰아버지는 화가 나서 장독을 깨고 딸 네 명은 장남을 데리러 다시 서울로 향하며 "언제까지 우리가 그 아이 뒤치다꺼리를 하며 살아야 해~"라고 푸념한다.

동생 승락이 누나들의 연락을 안 받아 할 수 없이 SNS를 통해 승락이 여친의 연락을 받고 동생을 찾아낸다.

승락의 여친은 임신 12주가 된 상태에서 문제를 해결하려 누나들과 합류

한다. 찾은 승낙을 가운데 앉혀 놓은 누나들은 여자 친구 임신을 시킨 것과 그동안 연락이 두절된 것 등을 모두 자신들의 입장에서 비난하며 분노를 퍼붓는다.

누나들이 승락을 데리고 다시 고향 집으로 와서 저녁 식사를 할 때, 큰아버지는 승락을 따로 불러 누나들에게 "아버지 묘는 다시 매장을 하자."라고 말을 하라고 한다.

첫째 딸 혜영
이혼 후 아들 동민과 함께 산다. 동민은 주의력 행동 결핍 장애(ADHD)로 학교에서도 쉽지 않은 사고뭉치이다.

둘째 딸 금옥
남편이 애인의 속옷을 사는 장면을 우연히 함께 목격한 자매들과 남편을 미행까지 한다. 이미 정보 회사를 통해 남편을 미행하고 정보를 확보한 뒤이다.

셋째 딸 금희
생활비를 아끼기 위해 생필품은 부모님 댁에서 갖다 쓰면 된다고 하는 아직 독립을 못 한 연하남과 결혼을 앞두고 있다.

넷째 딸 혜연
여자 친구 임신을 시킨 동생인 승락이에게 성적인 비하도 서슴지 않는다.
"콘돔을 끼자, 이 개새끼야~"
남자가 필요한 집안에서 자신이 네 번째 여자로 태어나며 환영을 받지 못한 어린 시절의 정서적 멸시와 학대를 성장한 후 외모로 나타낸다.

일부러 "예쁘다."라는 말을 듣고 싶지 않아서 머리도 짧게 자르고 옷도 남자처럼 입고 화장도 하지 않고 말도 남자들처럼 거칠게 하며 교내 활동도 반대 세력에 서서 항상 목소리를 낸다.

네 자매 모두 가부장적 사회에서 여자로 태어나 어린 시절에 받은 상처들이 자신의 삶을 통해 보인다. 이혼을 했고, 남편이 외도를 하고, 무능한 연하남과 결혼하려 하고, 남자처럼 보이려 하는 등…. 아픔이 많이 묻어 나온다.

그럼에도 서로 끈끈한 정으로 보듬으며 의지한다.

다섯째 남동생 승락

태어나 보니 아무것도 한 것 없는데 '남자'라는 이유 하나만으로 최고의 대접을 받으며 살게 된다. 그것도 누나가 4명씩이나 있는 집이다. 친척, 사촌을 비롯해 문중에서 중요한 남자이기는 하나 자신의 행동에 대한 책임과 생활력이 부족하다.

하지만 4명의 누나는 조상과 가족 간의 가계도에 대한 지식이 전혀 없음에도 승락은 정확하게 꿰고 있다.

큰아버지 관택

가부장적 태도가 분명하긴 하나 묘지 관리 사무소에서 고인(동생)의 이름 대신 번호로 부르는 것에 대해 몹시 화를 낸다. 동생을 사랑하는 마음이 묻어 나오는 부분이고 동생의 유언대로 꼭 매장을 해 주고 싶은 마음도 전해진다.

대한민국은 농기 사회와 팽창하는 산업 사회를 거쳐 이제 지식과 정보 사회가 되었다.

우리 부모들은 가난했고 질병도 많았던 시절, 어떻게든 먹고살아야 했다. 기댈 수 있었던 것은 오직 땅! 땅에서 나오는 곡식들이 전부였고 농작물에 온 목숨 다하며 먹고사는 일이 가장 중요했고 무서웠다. 그런 시절에 살았던 분들이라 농기 사회에서 힘이 센 남성 위주로 삶의 서열을 세우고 남자에게 우선순위를 주는 게 마땅하다고 봤을 것이다. 여자들이 그 반열에서 희생적 삶을 사는 것은 당연하다고 봤다.

세월이 흘러 시대가 변하고 지식이 들어오며 여자가 희생적 삶을 사는 것은 옳지 않다는 생각이 주를 이루며 가부장적 의식과 방식에서 깨어나고 있다. 그러면서 힘의 에너지, 즉 경제의 흐름이 여성과 어린이로 자연스럽게 이동하고 있다.

주인공들 4명의 자매와 남동생 승락이까지 어찌 보면 그 시대와 정서 속에 피해자도 가해자도 아닐 수 있다.

나는 초 5~6년 정도의 화가 난 어느 날, 오전 일찍 집을 가출했었다. 집을 나온 처음엔 씩씩거리며 '절대 집에 안 들어가리라.' 마음을 먹었지만 날이 저물면서 마음이 약해지기 시작했다.

그러면서 '지금 이 시간에 들어가면 혼날 텐데….'라는 생각도 들었으나 무엇보다 배가 고파 저녁 늦게 집에 들어갔더니 마침 큰집 큰오빠의 늦은 저녁상을 차리시던 엄마가 나를 보시며 "너 얼른 밥 먹어!"라고 하신다. 나도 마치 아무 일 없는 듯 밥을 먹고 다음엔 집을 나가도 갈 곳도 없어 가출은 안 했다.

잠자리에 누워 왠지 슬펐다. 가출했다가 들어왔는데 알아채지 못한 것이 다행히 아니라 내가 하루 종일 없어져도 별 표시 나지 않는 것이 어린 마음에도 쓸쓸했다.

큰집 오빠는 그 당시 우리 동네에서 이발소를 운영하시는 총각 사장님이셨다.

우리 집에 식사하러 오셔서 내게 하시던 말,

"내가 오늘, 1급 비밀을 네게 말해 주겠어! 이건 진짜 아무한테도 말하면 안 돼! 알았지?"

"알겠어요, 오빠."

"너는 이 집 딸이 아니야~ 쉬~~잇!" 하며 자신의 입에 손가락 하나를 펴서 가리며 더 비밀스러운 몸짓을 했다.

나는 "아~~~ 그러면 그렇지. 내가 이 집 딸이 아닌 게 맞지~~ 잘 됐어. 이제야 이해가 된다."라며 마치 복음이라도 들은 듯 부엌에서 일하시던 엄마한테 가서 큰집 오빠가 말해 준 비밀을 확인하려다가 등짝 스매싱으로 한 대 맞고 나온 기억이 있다.

시간이 흘러 생각해 본다. 우리 모두는 부모를 비롯해 그런 시대, 그런 환경, 그런 역할로 지나온 것이다. 그 시대를 이해하고 존중하며 그 연령대의 정서로 사셨던 분들의 삶을 인정해 주고 존중하는 것이 이 시대의 진정한 가부장제를 작별하는 것이 아니겠는가 생각한다.

가부장적인 역사 속에 상처받거나 희생당했던 대상들이 여자였다면 지금도 '가족들 사이에 또 다른 아픔으로 상처받고 희생당하는 부분은 없을까?'를 생각해본다. 예전엔 먹고살기 위한 가부장적 제도였다면 지금은 성공해야 한다는 물질만능주 속에서, 돈을 벌기 위해 가족들과 함께하는 시간이 적고 아이들은 학교 수업보다는 학원으로 돌리며 정크 푸드를 먹고 늦은 시간까지 공부로 스트레스에 시달린다. 온 가족이 다 같이 밥 한번 먹기가 쉽지 않은 것이 현실로 되어 버렸다. 이런 세대 속에 자라는 우리의 아이들은 부모님의 칭찬과 지지보다는 인터넷과 SNS 속에서 '좋아요' 하트로 이미 우리 아이들의 마음을 뺏긴 부모들도 많이 있다.

이담에 우리가 가부장적인 역사에 대해 아파했듯이 우리 후손들이 말할지도 모른다.

우리들이 학교 갈 때 아침밥 몇 번이나 차려 줬냐고?

외모로, 성적으로, 차별과 비교를 당할 때 얼마나 자신들의 마음을 공감하고 알아줬냐고?

"가족이니까 말하지 않아도 알 것이야! 내 마음을 이해해 줄 것이야."가 아니라 말 안 하면 모를 뿐만 아니라 섭섭하고 속상하다.

"이해할 수 있게, 말하게 하자. 가족이니까."

가족은 이 땅에서 만난 특별한 인연이다.

AMERICAN

PASTORAL

그 때처럼 너는

그 날처럼 너는

DIRECTED BY EWAN McGREGOR

아메리칸 패스토럴

2017.05.25

풀리처상 수상 원작   이완 맥그리거 제니퍼 코넬리 다코타 패닝

감독: 이완 맥그리거/미국/108분/2017년
주연: 이완 맥그리거, 제니퍼 코넬리, 다코타 패닝

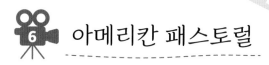

6 아메리칸 패스토럴

> " 삶은 풀어야 할 문제가 아니라
> 경험해야 할 신비

이 영화는 1998년 퓰리처상을 수상, 《타임》지 선정 '20세기 100대 영문소설'이자 현대 문학 4대 작가 중 한 명인 필립 로스의 저명한 소설 《미국의 목가》를 원작으로 한 영화이다.

주인공 스위드는 좋은 집안, 좋은 머리, 좋은 외모, 좋은 환경, 우수한 성적으로 교내 학생들의 선망의 대상이 될 정도의 무엇 하나 부족함 없는 금수저로 태어났다. 거기다가 졸업 후 '미스 뉴저지'였던 아내 던과 결혼까지한 후 딸 메리를 낳고 시골로 들어가 자연 친화 속에서 아이를 지극 정성으로 키우지만, 딸 메리는 말을 더듬는다.

언어 치료사 말에 의하면 메리는 미인 대회 출신인 엄마와 비교해 자신이 없어 일부러 외모가 아닌 행동으로 관심을 더 받고자 한다고 한다. 말을 더듬는 메리는 아빠 스위드에게 엄마보다 더 많은 사랑을 받고 싶어 한다. 아빠와 둘이서만 캠핑을 다녀오며 차 안에서 엄마한테 한 것처럼 딥 키스를 요구한다. 놀란 아빠는 메리를 완강히 거절하며 혼을 낸다.

메리가 아빠에게 갖는 감정을 프로이드의 엘렉트라 콤플렉스라고 한다. 여아의 초자아가 형성되는 성장 시기에 자신을 어머니의 여성성과 동일시하고 아버지가 가지고 있는 남근(Phallus)이 자신에게는 없다는 사실을 깨닫고 이를 부러워하는 한편 자신에게 남근을 주지 않은 어머니를 원망하는데, 이와 같은 여아의 남근 선망(Penis envy)이 여아로 하여금 콤플렉스를 갖게 하는 근본적인 원인을 말한다.

메리는 청소년이 되어 가며 1960년대 당시 미국의 정치적인 부분, 특히 베트남 전쟁에서 참혹하게 죽어 가는 사람들과 자신의 어린 시절 미해결 문제를 동일화시켜 그것을 해결해 주지 않는 미국 정부와 특히 그런 사회적인 부분에 아무런 문제의식을 갖지 않고 사는 부모님에게 깊은 저항감을 드러내기 시작하고 미국의 반정부주의자들이 내세우는 슬로건과 그들의 사상이 담긴 책자들을 수집함은 물론 반정부 단체에 가담하여 반정부 운동을 한다. 이렇게 이 가족의 불행은 시작된다.

결국 메리는 가출하고 오랫동안 소식이 끊기고 아빠인 스위드는 메리를 찾는 일로 온갖 노력과 고생을 하고 엄마는 그 충격과 우울증으로 이상 행동까지 한 후 정신 병원에 입원까지 하게 된다.
메리의 행방을 알게 된 아빠 스위드가 만난 딸은 예전 모습이 아니다. 메리는 인도에서 온 이상한 종교에 빠져 있었고 몸과 마음이 다쳐 있었고, 특히 치아마저 몇 개 남지 않은 모습이었다. 아빠는 그런 메리를 보고 할 말을 잊는다. 그럼에도 끝까지 메리를 설득하여 집으로 데려가려 하지만 메리는 거절한다.

세월이 흘러 아빠의 모습은 중년에서 노년으로 바뀌었고 여전히 메리를 설득하려고 딸이 지내는 폐허가 된 건물 앞에 찾아와 서 있기까지 한다.

부모로서 포기할 수 없는 아빠의 심정이 느껴진다.

결국 아빠 스위드는 68세로 생을 마감한다.

장례식이 끝나고 사람들이 흩어질 무렵, 메리가 아빠의 묘지 앞으로 걸어가는 장면으로 영화는 끝이 난다.

영화 속 주인공 스위드는 특별히 잘못을 한 것도 없고 나쁜 일을 했거나 불성실하지도 않았다. 가정의 가장으로서, 회사의 대표로서, 지역 사회의 일원으로서 흠잡을 데가 딱히 없는 건강한 사람인데 왜 이런 일이 생겼을까? 그것도 자신의 사랑하는 딸로 인해서 말이다.

물론 딸 메리가 아빠가 엄마보다 자신을 더 사랑해 주길 원해서 어린 시절 딥 키스를 요구했다가 아빠한테 혼이 나며 수치심을 경험했다고 해도 그것이 이 가정의 불행의 원인이라고 딱히 말할 수는 없다. 이는 어린 시절 자아 정체성을 만나 가는 과정 중 하나이고 아이들은 이를 자연스럽게 넘어가며 성장해 나간다.

우리는 일반적으로 남에게 피해를 주지 않고 좋은 조건 속에서 멋진 결혼을 하고 좋은 환경이 받쳐 주면 멋진 인생을 살 수 있다는 생각을 한다. 그것도 확률로 보면 틀린 말은 아니나 인생은 아이러니한 면이 많이 있다. 원인 대 결과, '인과론'으로는 다 설명할 수 없는 세계가 있다.

20여 년 전 연쇄 살인마로 세상을 떠들썩하게 했던 유영철이 황산성 변호사를 해치려는 목적으로 그의 집에 들어가려 했으나 경비가 삼엄해 범행을 못 하고 있던 중 아무 상관이 없는, 담이 낮은 옆집으로 들어가 가족 몇 명을 해쳤다. 나중에 알고 보니 그 집 주인이 담을 낮게 한 이유는 마당을 잘 꾸미면서 동네 사람들이 구경할 수 있도록 하는 좋은 마음이었다는 것이다. 참으로 안타깝고 어이없는 일이다.

어떤 이는 열심히 노력하고 성심을 다해 살아가던 중 아내가 음주 운전 차량에 치여 즉사해서 인생이 꼬여 버렸다. 자신은 물론 남겨진 두 아이의 정신적 문제까지 어떻게 해야 할지를 모르겠다며 눈물을 흘리는 모습을 보고 가슴이 먹먹했었다.

주인공 스위드처럼 능력이 많아도 불행하게 살 수 있고 내 잘못이 아니어도 상황이 그렇게 놓이는 경우들을 우리는 종종 볼 수 있다.

우리의 생각 밖에서 움직이는 어떤 힘들을 인정할 수밖에 없다.

'삶은 풀어야 할 문제가 아니라 경험해야 할 신비'라고….

아이

홀로 버티던 세상,
서로를 만나다

김향기 류현경 염혜란 책연/감독 김현탁

절찬상영중

감독: 김현탁/한국/112분/2021년
주연: 김향기, 류현경, 엄혜란, 김현목

아이

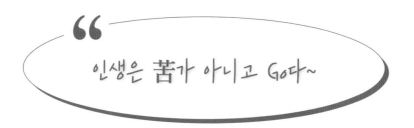

"
인생은 苦가 아니고 Go다~

보육원 보호 종료로 기초 생활 수급을 받으며 살고 있는 아영과 아이를 낳은 지 얼마 안 된 미혼모 영채. 먹고살기 위해 술집 종업원 생활을 하며 자신의 아기 혁이를 맡아 줄 베이비시터를 구하던 영채와 아영이 만나 서로의 아픔을 나누며 치유하는 영화이다.

아영과 영채가 처한 현실은 비슷하게 보이지만 다르다.

아영은 대학에서 아동학 공부를 하고, 아르바이트도 하며 다른 보육원 출신의 친구들보다 생활력이 강하고 성실함이 있고 생각이 깊고 철이 들었다.

가능한 자신의 일을 부모 없이 처리하려는 자세가 든든하다. 부모 없이 살아가야 하는 아픔이 무엇인지를 현실 속에서 경험해 뼛속 깊이 잘 알고 있는 아영은 아기 혁이를 자신의 어린 시절 모습과 동일시한다.

그리고 부모님이 어디서 무엇을 하는지도 모르나 원망하거나 불평하지 않는다.

다만 보육원에서 파양되었다가 돌아오면 얼마나 힘들게 살아야 하는지를 영채에게 힘주어 말하며 부모로서 자식에 대한 무책임으로 입양을 보내려는 것에 분노하고 영채가 혁이를 돈 받고 팔았을 때도 찾아오는 과정에서 자신의 팔이 칼에 베여도 흔들림 없는 눈빛으로 진심을 온몸으로 말한다.

영채는 아이를 낳고 쩔쩔매며 어떻게 해야 할지 모르는 아직은 미성숙한 성인 아이다. 아이를 낳은 지 얼마 안 된 상태이지만 먹고살기 위해 술집 업소에 나간다.

영채가 아영에게 "고아가 뭐 대수냐?"라고 얼버무려 넘어가려 하자 아영은 "저, 부모님 있어요. 어디서 뭘 하는지 모르지만⋯."이라고 말한다. 그 말에 영채가 "차라리 어디서 뭘 하는지 모르는 게 낫다."라고 하는 것을 보면 영채도 어린 시절 부모에게 유기당하며 자랐을 것으로 보인다.

인간은 환경에 지배를 받을 수밖에 없다. 자신이 처한 환경이 너무 열악한 상태라면 아무리 열심히 공부하고 발버둥 쳐도 환경이 잘 조성된 사람들의 1/10 정도로 살 수밖에 없다. 잘사는 사람들은 어려운 사람들의 노력과 애씀을 잘 모를 수 있다.

사람들이 무난하게 잘 산다는 것⋯.
경제, 건강, 일, 지식, 관계의 밸런스가 맞아야 한다. 이 중 어떤 것 몇 개만 빠져도 인생이 힘들다.
그 밸런스 중에서도 내가 부족한 부분의 밸런스를 잘 조율하면서 살아야 한다.
그렇다고 한쪽으로만 치우쳐 가면 반드시 탈이 나고 집착과 더 큰 자극으로 낭패가 올 수 있다.
너무 없어도 살기 힘들지만 너무 많아도 살기 힘든 게 인생이다. 돈이 없는 사람들 입장에서는 돈만 있으면 다 해결될 것 같아도 돈 있는 사람들은 전혀 다른 부분에서 어려움과 힘든 부분들이 또 있다.

경제 용어 중 '한계효용체감의 법칙'이라는 것이 있다.

풀어서 본다면 며칠 굶었다가 밥을 먹는다면 그때 그 밥은 반찬 없이도 꿀맛이고 생명을 살리는 음식이지만 어느 정도 배가 차면 슬슬 처음 맛보다는 떨어지기 시작한다. 이때, 누군가의 강요에 의해서 계속 밥을 먹게 되면 이 음식은 생명을 살리는 게 아닌 건강을 해치고 더 먹으면 형벌이 될 수 있다는 것이다.

돈과 행복을 지키는 것도 그렇지 않을까 생각한다.

돈이 잘 벌리면 처음엔 너무 행복하고 좋지만 어느 순간 그 선을 넘어가면 그 돈을 벌기 위해 건강도, 가족도 오히려 행복까지 무시되며 인생에 중요한 부분들이 뒷전으로 밀리는 것들을 볼 수 있다.

다 갖추면 오죽 좋겠냐마는 내 상황이 그렇지 않다면 어쩌겠는가?

일단 이해로 수용하고 돈으로도 해결할 수 없는 최고의 정신, 마음을 잘 닦으며 사는 것이 영성과 감성 시대를 사는 우리가 잘 사는 비결 아닐까 생각해 본다.

많지도 적지도 않은 적당한 유머에, 적당한 지식수준에, 적당한 외모에, 적당한 부족에, 적당한 열등감에, 적당한 아픔과 좌절에⋯. 이럴 때 욕망과 욕구도 생겨 꿈도 꾸고 하나씩 이뤄내며 사는 것이 삶의 생기가 나는 것 아닐까?

주인공 아영은 참 대단한 친구이다. 환경이 열악함에도 자신의 자존감을 잃지 않는다. 방종하거나 거칠지도 않다. 있는 그대로 수용하는 삶의 태도와 자세에 놀라고 감동을 하게 된다.

아영이 한 달간 학교 아동학과 실습을 나가는 일로 아기 혁이를 돌보지 못하게 되고 아영의 실수로 혁이가 다치는 사고가 일어났을 때 영채는 아영을 상대로 고소를 한다.

혁이의 병원비 등의 해결을 위해 돈을 받고 혁이를 입양 보낸 것을 알게 된 아영이는 영채를 찾아온다. 대화 도중 자신이 고소를 당한 억울한 부분도 영채가 거짓으로 꾸며 낸 것이며 아기도 돈 받고 입양 보낸 것을 알게 되어 영채의 뺨을 힘주어 때린다. 속이 다 시원하고 후련했다.

살다 보면 상대들의 일방적인 일로 억울할 때가 있다. 불쾌하고 당황하며 상처를 받는다. 그럴 때 우리는 아무 말도 못 하고 혼자 삭이느라 애를 쓴다. 상대들이 그럴 수밖에 없었다며 종교적, 윤리적, 사랑이라는 말도 안 되는 거짓 명목 등 온갖 것을 다 갖다 대며 합리화하고 이해하려고 노력한다.

하지만 이럴 때 용기를 내서 말해야 한다. 내게 오는 불이익을 감수하고서라도 말이다. 이때, 내 영혼이 기뻐한다. 그리고 양심은 내 편에서 일을 한다.

어떤 인간들은 못된 구석이 있어서 참아 주는 사람한테 고마움을 느끼거나 미안해하기보다는 그 상대를 더 쉽게 보고 자신의 분노를 쏟는다.

아영은 비록 혼자서 자신의 삶을 살아 내느라 지금은 힘겨울 수 있으나 정직한 양심에 따라 삶을 대하는 태도와 자세가 귀하다.

이 영화는 아영이와 영채라는 캐릭터를 통해 우리 안의 결핍과 빈곤의 문제도 다루지만 무엇보다도 자기 삶의 태도와 자세를, 그리고 생명에 대한 고귀한 실천력까지 볼 수 있는 훈훈한 영화이다.

Part 2

✦사랑의 이름으로

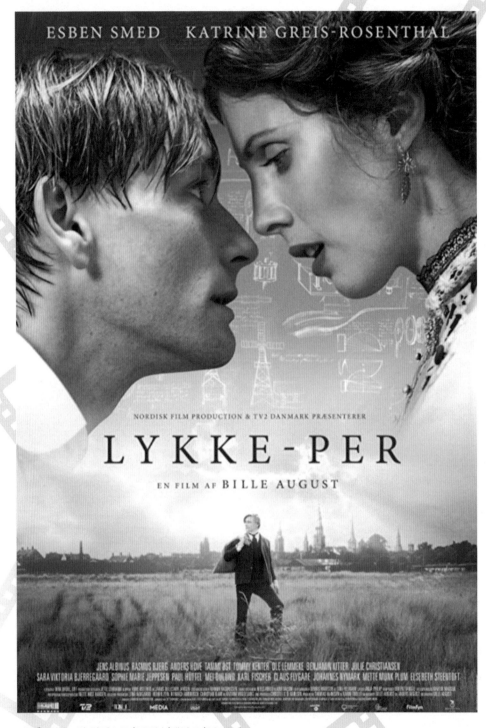

감독: 빌 어거스트/167분/덴마크/2018년
출연: 에스벤 스메드, 카트리네 그레이스-로젠탈, 율리 크리스티안센

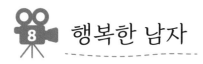

행복한 남자

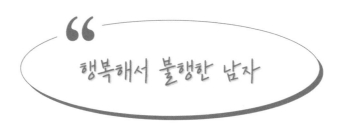

" 행복해서 불행한 남자

이 영화는 덴마크의 1800년대를 그렸다.

주인공 페테르는 시골의 엄격한 기독교 집안에서 태어났다. 스스로 노력해서 도시의 공과 대학에 합격을 하지만 독선적 신앙을 강요한 아버지로 인해 기독교 신앙에 대한 완전한 적대감을 갖고 집을 떠나 버린다.

덴마크에 도착한 페테르는 재생 에너지 프로젝트를 후원해 줄 수 있는 야코베와의 약혼에 성공을 하나 본인의 프로젝트를 폄하하는 덴마크 공학 관료에게서 아버지한테 느꼈던 반감을 갖게 되고 그 관료를 조롱까지 한다. 이는 권력과 돈의 유착 관계에 대한 저항감을 갖는 그의 신념 때문이었다. 그렇게 자만과 아집으로 인해 끝내 그 프로젝트를 성공시키지 못한다.

다시 그 프로젝트를 검토하기 위해 왔을 때 후원자들은 프로젝트를 성사시키려면 먼저 그 관료에게 사과를 해야 한다고 한다. 하지만 그는 끝끝내 사과하지 않고 오히려 화를 내면서 본인이 그동안 누렸던 살로몬 가족의 일원인 점과 경제적 혜택을 다 포기한 후 자신의 고향으로 돌아가 약혼한 야코베가 있음에도 교회 목사의 딸과 결혼을 해 버린다.

결혼한 페테르는 아이를 3명 낳았으나 아이들과 가족에 대한 배려와 사랑은 거의 없다. 늘 아이들에게 엄격하고 혼을 많이 내며 가족과의 시간보다는 자신의 프로젝트에만 몰두한다. 그 고집스러운 모습은 아버지를 싫어하면서도 결국은 자신도 아버지를 닮아 가는 독선적인 모습으로 보여 안타깝다.

그럼에도 페테르의 약혼자인 야코베는 본인의 진실한 사랑을 후회하지 않았고, 오히려 "내 과거는 하나도 바꾸고 싶지 않아. 당신이 내게 준 기쁨과 슬픔 덕에 삶의 의미를 찾았어."라고 말하며 그를 진심으로 이해하고 사랑한다. 그를 사랑하는 과정에서 얻은 것을 자선 학교를 세우는 것으로 승화한다.

야코베는 페테르를 통해 힘든 유년기가 인생 전체에 얼마나 큰 영향력을 끼치는지 알게 되었고, 그 사회적 대물림을 끊을 수 있는 학교를 설립하고 싶었던 것이다.

영화를 보는 내내 고집과 자만, 허영에 가득한 수치심의 페테르를 보며 '왜 이 영화의 제목이 〈행복한 남자〉이지?'라고 생각했지만 그의 약혼녀였던 야코베를 보며 원래 제목이 〈행운의 남자〉였다고 하니 그것이 더 어울리는 듯했다.

존 브래드쇼의 《수치심의 치유》에 의하면 어린 시절 수치심을 심하게 경험한 사람 중, 항상 초긴장 상태로 자신이 언젠가는 일어나리라고 염려하는 일, 즉 자신이 무시를 받거나 배신당하는 일 등이 일어날 것에 대해 항상 긴장하고 있는 상태를 '편집 장애'라고 한다.

이들은 남이 잘못하는 일이나 실수하는 것에 대해 용서가 안 된다. 그들은 자기 자신을 용납하지 못하고 용서하지 못하는 마음을 밖으로 투사하여 남에게 전가하여 가혹하게 구는 것이다.

영화에서 페테르가 목사의 딸인 자신의 아내에게 이렇게 말한다.

"그런 사람들이 있지! 재앙에 끌리는 사람, 절망과 고독에서 해방감을 느끼는 사람…."

불행은 습관이다. 고통도, 불안도 습관이다. 이들은 불안하고 불행하지 않으면 고통스럽고 아프다. 뇌가 그렇게 세팅이 되어 있어서 그렇다.

우울감에 훈련된 사람은 우울해지는 것이고 슬픔에 훈련된 사람은 슬프게 사는 것이다. 불안과 불평에, 남에 말하는 것에, 잘난 체를 하는 것에 훈련된 사람들은 그렇게 살 수밖에 없다. 아무리 돈이 많고 지식이 많아도 이것은 별개의 문제다. 이런 사람들은 자신의 불행을 관계 속에서 상대들을 통제하려는 도구로 쓰고 있다.

무의식과 뇌는 고정된 것이 아니기에, 얼마든지 훈련에 의해서 행복감이 가능하다. 단, 끊임없는 연습을 해야 한다. 어떻게든 이 작업을 꾸준히 해야 한다. 시간이 걸려도, 당장 표시가 나지 않아도 이것이야말로 집안을 바꾸고 내 인생을 바꾸는 일이다.

어느 날 데이트 폭력 이슈를 갖고 코칭으로 만난 젊은 여성 고객이 했던 말이 생각난다.

"코치님, 그 사람과 데이트가 끝나고 나면 뭔가 허전하고 그래요. 그 사람, 멋지고 능력 있긴 한데 시간이 갈수록 왠지 이상해요. 자꾸 영혼이 탈탈 털리는 느낌이랄까?"

상대가 나를 통제하려는 말과 행동들이 처음에는 걱정해 주는 것으로 느껴지다가 시간이 가면서 확실한 양심의 소리를 듣는 것이다.

우리 주위에는 누군가를 통제할 수 있다고 믿으며 누군가를 통제하려는 필사적인 시도로 삶을 고통스럽게 살고 있는 사람들이 있다.

우리의 관계 속에서 상대들이 우울하다든지, 괴롭다든지, 입만 열면 몸이 아프다든지, 힘들다든지, 술을 많이 먹고, 잠수 타며, 고집을 부리고 말을 안 한다든지, 부정적인 말과 폭력 등으로 나를 힘들게 한다면 관계를 한 번 점검해 보길 권한다. 상대들은 그 행위나 말로 나를 통제하는 중이고 그것이 계속 진행이 된다면 그 방법은 지금 내게 먹히고 있는 것이다.

영화 주인공인 페테르와 야코베만 보더라도 알 수 있다. 페테르는 고집과 아집으로 인생의 기회들을 다 날려 버린다. 부모들의 완고함과 독선적인 모습들로 상처받은 기억들이 무의식 속에 저장되었을 확률이 높다. 반면 야베코는 기다려 주는 가족들의 넉넉함과 여유, 따뜻함 속에서 역경을 승화시키는 능력이 나오는 것을 보며 어린 시절 부모의 역할과 영향이 얼마나 중요한지를 또 이 영화를 보고 배운다.

윌리엄 글라세의 《당신의 삶을 누가 통제하는가》

당신이 두통이나 우울한 기분에 빠져 있을 때, 당신의 불행을 선택한 것 같다고 말해 줄 사람은 아무도 없을 것이다. 그 불행이 선택이라는 것을 받아들이게 되면 그것에 대한 책임을 당신 자신이 져야 하기 때문에 그 책임을 지기가 싫어 차라리 두통이나 우울함을 택하게 된다는 점을 당신은 알아야 한다.

우울하기로 결정했다면 거기에는 그런 선택을 한 이유가 있다. 우리가 그러한 상황에서 우울해하는 것 또는 다른 상황에서 여러 가지 고통스러운 감정을 선택하는 것은 그것이 자신이 처한 좌절스러운 상황에서 통제력을 다시 얻을 수 있는 가장 훌륭한 선택이라고 믿기 때문이다. 여기에는 4가지 뚜렷한 이유가 있다.

1. 첫 번째 이유: 통제하에서 화를 내기 위하여

생후 1년이 되면 아기는 어머니나 자기를 보살펴 주는 사람을 통제하기 위해 화내는 행동 목록을 배우게 된다. 아기가 자라면서 자기가 내는 분노가 얼마나 효율적인가를 평가하게 될 때 아기가 원하는 것을 얻기 위해 분노를 표현하는 데 허점이 있음을 발견한 후 좀 더 강력한 행동으로 우울해하는 행동을 배우게 된다. 즉, 아이는 사람들의 관심을 끌게 되고 자신이 원했던 것으로 통제할 수 있기 때문이다.

2. 두 번째 이유: 다른 사람들이 우리를 돕게 하기 위해서

"만약 도움을 원한다면, 그냥 도움을 청하면 되지 무엇 때문에 우울해할 필요가 있습니까?"라고 질문을 할지 모른다. 이 물음에 대한 한 가지 이유는 거절당

할까 봐 두렵기 때문이다. 도움을 청했는데 계속 거절당해 왔다면 더욱 그럴 것이다. 그리하여 우리는 자신이 원하는 것을 얻기 위해서 강력한 다른 방법을 찾아내야 하는 것이다. 그것이 바로 우울해하는 것이다. 거절당할까 봐 두려워하면서 어떤 것을 청할 때 우리들 대부분은 우울한 분위기를 풍기며 말을 하게 된다. 도움을 요청하는 것 자체가 자신의 나약함을 시인하는 것이 되기 때문이다. 구걸하지 않고 도움을 요청하는 방법이 고통스럽긴 해도 우울해하는 방법인 것이다. 또한 동시에 우리의 존중감이 유지되기 때문이다.

3. 세 번째 이유: 좀 더 효율적으로 행동을 하고 싶지 않은 우리 마음을 변명하기 위해서

비효율성이나 두려움 또는 두 가지 모두를 변명하기 위해서 고통이나 불행을 사용하는 것은 흔한 일이다. 우리는 종종 좌절을 당했을 때 그저 앉아서 우울해하는 것보다 좀 더 나은 방법이 있다는 것을 인식하게 된다. 그러나 우리가 해 왔던 방식을 보면 이 방법을 시작하기에는 무척 어렵다. 왜냐하면 이 방법은 많은 노력이 필요하며, 또 우리의 머릿속에는 지금 당장 우리가 느끼는 방식대로 자신이 열심히 일하는 사람이라는 사진을 가지고 있지 않기 때문이다. 지금 가지고 있는 사진은 남들이 우리를 도와 문제를 해결해 주는 것이다. 변명의 구실로 현재의 '우울함'을 사용함으로써 그는 자신을 '보호'하고 있는 것이다.

4. 네 번째 이유: 강력한 통제력을 얻기 위해서

병원으로 의사를 찾아오는 많은 사람과 입원한 많은 환자 중에는 '전문적인 환자들'이 있어, 이들은 참을 수 없는 인생의 어떤 상황에 대처하는 한 방법으로 통증을 사용하는 것이다. 이렇게 선택된 고통을 어떤 사람들은 '상상적' 고통이라고 부르기도 하나 그렇지는 않다. 이러한 고통은 다른 통증과 마찬가지로 실제로 아픔을 느끼는 것이다. 우리가 상처를 입었을 때는 우리의 신체(우리의 두뇌)가 '믿기에' 그 상처 부위를 움직일 수 있게 할 만큼의 통증을 우리 자신도 느낀다. 그러나 등에 통증을 느낄 때, 자신의 인생을 통제할 수 있을 만큼 고통을 선택한다. 이것은 대개 상처 부위를 움직일 수 없게 하는 제한적이고 국부적인 통증 이상을 요구한다.

《당신의 삶을 누가 통제하는가》,
윌리엄 글라세, 김인자 옮김(한국심리상담연구소: 2019 개정 5판)
131, 132, 137, 138. 139. 141, 151, 160P

이런 사랑도 있다...

밀양

Secret Sunshine

전도연, 송강호, 이창동 감독의 사랑이었다.

5월, 울어도 좋습니다... 웃어도 좋습니다

www.secretsunshine.co.kr

감독: 이창동/한국/141분/2007년
주연: 전도연, 송강호

밀양

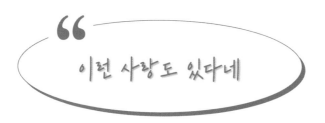

이런 사랑도 있다네

인간의 상실에 대한 아픔과 고통을 주위 사람을(종찬, 송강호) 통해 회복하고, 자신에 대한 용서와 화해를 그리는 영화이다.

집안에서 반대했던 결혼을 한 주인공 신애(전도연)가 남편이 외도 중 교통 사망 사고를 낸 것을 감추려 아무도 모르는 남편의 고향인 밀양으로 아들을 데리고 와 피아노 학원을 운영하면서 살며 벌어지는 일을 담은 영화이다.

신애는 죽은 남편이 외도 중 교통 사망 사고를 낸 것으로 자신의 처지를 들키기라도 할까 봐 수축된 마음으로 남들이 묻지도 않은 땅을 사겠다는 허언으로 주위의 부러움을 산다. 그러자 신애 아들이 다니던 웅변 학원 원장은 신애가 돈이 있는 줄 알고 신애의 아들을 유괴한다. 하지만 신애에게 돈이 없다는 것을 알고 아들을 죽인다.

아들을 잃은 신애는 공황 상태에 이르러 교회를 찾게 된 후 처음으로 자신과 만나는 애통에 눈물을 흘린다.

성경에서도 "애통하는 자는 복이 있나니 저희가 위로를 얻는다."라고 한 것처럼 아프고 슬픈 일을 만났을 때 영화 장면 속 신애처럼 창자가 끊어질 듯한 애통을 느껴야 한다. 그래야 치유가 된다. 신께서는 눈물을 통해서만 인간들을 치유를 하시기 때문이다.

우리는 살면서 가끔 가슴의 치유를 위해 슬픈 드라마나 영화, 감동 다큐멘터리 등을 보고 눈물을 흘려야 한다.

그러나 안타깝게도 목사는 애통해하고 있는 신애 머리 위에 손을 얹어 울음을 그치게 한다. 아쉽기 짝이 없는 장면이다. 신애는 더 울어야 했다. 교통사고로 남편이 죽었고 아이도 유괴를 당해 죽었다. 이때, 더 많은 울음으로 풀어내고 애도했어야 했는데 바로 장면이 바뀌어 구역 모임에서 위로를 받는 신애의 모습이 나온다.

다 풀어내지 못한 슬픔은 상처를 치유하지 못하고 마음속 깊이 상처를 숨겨 놓게 된다.

이렇게 받는 위로는 오래 못 간다. 신애는 시간이 가면서 점점 더 불안해져서 주기도문도 외우고 다른 아이도 잘 살펴 주는데, 그래도 마음 안에 있는 불안과 슬픔이 해소가 안 된다. 급기야 웅변 학원 원장을 용서하면 자신의 불안이 없어질 것 같다는 착각으로 교도소를 방문해 수감 중인 원장을 면회하며 용서하러 왔다고 말하나 웅변 학원 원장은 너무나 말쑥하고 침착한 얼굴로 "이미 하나님께서 나의 죄를 다 사해 주셨다."라고 한다. 그 말에 신애는 자신의 마음은 불안한 지옥인데, 원장의 얼굴은 천국처럼 보이는 것에 당황하여 기절을 해 버린다.

신애는 원장에게 사과를 듣고 싶었을 것이다.

웅변 학원 원장의 진정한 구원도 신애에게 사과하는 것부터라고 본다. 사람과 사람 사이에서 벌어진 일들은 상대에게 진정한 사과를 한 후부터이다. 땅에서 풀리면 하늘에서도 풀리듯 이때부터 가해자와 피해자 모두에게 진정한 회복이 일어난다. 그것이 구원의 시작이고 완성이다.

진정한 위로와 자신과의 화해가 하나님과의 화해로 이어질 수 있었을 텐데 그것이 안 되어서 신애는 분노에 몸을 떤다.

"내가 용서를 해야 하는데 하나님이 했다." 이때부터 영화의 반전이 일어나고 그동안 신애 안에 억압되어 있고 감추고 있던 수치심이 공격으로 변해 튀어나오기 시작한다.

물건을 훔치고 종교 집회를 방해하며 다른 사람의 남편을 유혹하고 신을 향해 도전을 하며 종교 교리에 반박하는 등 신경증적, 히스테리적 행동과 자해까지 하다 결국 정신 병원에 입원을 하게 된다.

이 영화는 기독교를 비하한 것이 아닌 오히려 종교를 맹신하거나 강조만 하는 사람들에게 보이지 않는 하나님보다는 끝까지 조건 없이 늘 신애의 필요를 채우고자 하는 종찬을 통해 신애에 대한 변함없는 사랑과 마음을 보여주는 제목과도 같은 밀양(은밀히 비추는 햇볕)이 마치 그리스도의 사랑 같다.

마지막 신애가 자신의 머리카락을 스스로 자르는 모습도 빼놓을 수 없는 명장면이다.

자신의 수치심, 상처, 분노, 이해, 용서는 나 외에 누가 해결해 줄 수가 없다. 내 문제는 내가 해결해야 한다. 내가 머리카락을 자르듯 나의 상처를, 수치심을 잘라 내야 한다는 것이다. 수치심은 해결되지 않으면 반드시 언제든 공격으로 나올 수 있다. 수치심을 해결하지 않고 살면 나도 모르게 타인들에게 수치심을 유발하는 말과 행동을 한다. 내 안에 있는 수치심을 그대로 만나 준다.

이렇게 고백할 때 내가 들으면서 그 감정들은 작게든 크게든 사라지기 시작한다.

미셸 윌리엄스

낯선 초대로 돌아온 인연

애프터 웨딩 인 뉴욕
After the Wedding

2020.04 You're Invited!

줄리안 무어

그리고 운명적 선택

 감독: 바트 프룬디치/미국/112분/2020년
주연: 줄리안 무어, 미셸 윌리엄스, 빌리 크루덥, 애비 퀸

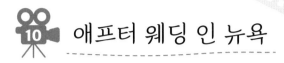

애프터 웨딩 인 뉴욕

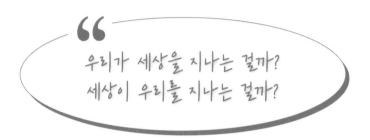

우리가 세상을 지나는 걸까?
세상이 우리를 지나는 걸까?

이 영화는 결혼과 이혼이라는 삶의 주제를 두 여인을 통해 보여 주며 가장 소중한 것들을 교환하고 공유해 가며 모든 선택은 의미가 있다는 것을 알게 해 준다.

인도에서 아동 재단을 운영하는 이사벨은 뉴욕의 미디어 대표 테레사로부터 후원금을 받으려면 직접 뉴욕에 와야 한다는 얘기를 듣고 테레사를 만나러 온다.

이사벨은 빨리 후원금을 받아서 인도에 갈 목적으로 테레사를 만나지만 테레사는 자기 딸의 결혼 등의 이유로 이사벨을 좀 더 뉴욕에 머물게 한다. 그러던 중 이사벨은 테레사의 딸(그레이스) 결혼식에 참석을 하게 되고 결혼식 중 신부의 아버지 모습을 보면서 신부(그레이스)가 본인의 딸이라는 것을 알게 된다. 이사벨은 아이를 낳고 키울 수 없어 전 남편(오스카)에게 아이의 입양을 부탁한 후 미국으로 떠났었다.

테레사는 이사벨의 전남편(오스카)과 결혼한 후 의붓딸인 그레이스를 얻고 쌍둥이 아들 둘을 낳았으며 미디어 사업에서 큰 성공을 이룬 여성 기업가이다. 이사벨 역시 친딸(그레이스)의 양육을 포기하고 오스카와 이혼 후, 인도에서 길거리에 버려진 아이를 데려다가 키우며 아동 재단을 운영 중이었다.

테레사는 시한부 인생을 살고 있었고 죽음 너머의 자신을 대신해서 가족과 비즈니스 영역과 일궈 놓은 경제적 영향력을 가장 가치 있게 쓸 수 있는 사람을 두고 고민했고 자신의 역할을 대신할 수 있는 이사벨을 선택했던 것이다.

이사벨과 테레사, 이 두 사람은 과거와 현재에 한 남자를 두고 사랑을 한 여성이고 자식을 사이에 두고 있는 미묘한 인연이었다.
아픔과 갈등을 일으킬 수 있는 관계일 수도 있지만 그럼에도 두 사람의 선택과 소신들, 자식에 대한 똑같은 아픔까지도 공유하는 의식이 매우 놀라웠다.

어떻게 이런 생각을 할 수 있을까? 일반적인 사람들이라면 '나는 병으로 죽고 없을 텐데, 그동안 내가 성공으로 일궈 놓은 사업과 돈은? 또한 아직 어린 두 아이는 누가 키우나?' 이런 고민으로 몸은 고사하고 정신이 죽을 때까지 지옥이었을 수 있다. 그러나 테레사는 매우 지혜롭고 현명하며 강한 여성이다. 자신의 아픔이 가족들에게 전이되지 않도록 티를 내지 않는 부분은 무서울 정도이다. 그리고 죽음을 앞두고 가장 소중한 것을 위해 선택을 하는 자세가 놀라웠다. 감정을 빼고 지혜로운 최선의 선택을 하는 두 사람에게 많이 배운다.

테레사에게만 이익이 아니다. 경제적 지원이 인도로 들어가게 되면 인도에 학교가 설립되고 길거리에 버려진 아이들에게 글을 알게 해 주고 식량이 배급되며 거리에 있는 10살도 안 된 여자아이들이 먹고살기 위해 하는 매춘 행위도 줄어든다.

테레사의 고뇌가 많이 헤아려지고 그녀의 깊은 의식과 삶을 이해하고 선택하는 모습이 감동적이다.

테레사는 본인의 생일 파티에서 "우리가 세상을 지나는 걸까? 세상이 우리를 지나는 걸까? 우리가 세상을 지나지만 세상 또한 우리를 지나간다."라고 말한다.

이사벨이 인도로 가서 거리에 버려진 아이들 데려다가 잠도 재우며 공부시키고 먹이는 모습이 자신이 낳고 못 키운 딸을 대신하는 업상대체(業象代替) 같아 인상적이었다.

이사벨이 인도에서 아이들과 명상을 한 후 아이 제이와 대화하며,

"눈을 감았다고 안 보이는 게 아니야, 내면을 바라보는 거야. 오직 너만 볼 수 있어."라고 한다.

이사벨과 테레사, 테레사와 이사벨이 서로의 삶에서 소중한 것들을 교환하고 공유할 수 있었던 가장 밑에 있는 마음은 '인간 사랑'이었으리라.

"우리가 세상을 지나는 걸까? 세상이 우리를 지나는 걸까?"

나는
사랑과
시간과
죽음을 만났다

〈악마는 프라다를 입는다〉
데이빗 프랭클 감독

윌 스미스

에드워드 노튼

키이라 나이틀리

마이클 페나

나오미 해리스

제이콥 라티모어

with 케이트 윈슬렛

and 헬렌 미렌

3월 29일 대개봉

 감독: 데이비드 프랭크/97분/미국/2016년
출연: 윌 스미스, 에드워드 노튼, 나오미 헤리스, 케이트 윈슬렛, 키아라 나이틀리

나는 사랑과 시간과 죽음을 만났다

> **"**
> 고통이 주는 아름다움을 놓치지 마세요~

잘나가던 광고 회사 CEO인 하워드의 딸아이가 교모세포종이라는 희귀 뇌종양을 앓다가 6살 때 세상을 떠났다.

하워드가 딸의 죽음으로 인해 절망으로 빠지고 사업은 물론 삶의 의욕까지 다 잃고 방황하며 지내던 중 사랑, 시간, 죽음이라는 3명의 연극배우인 캐릭터를 만나며 진정한 사랑과 시간과 죽음의 의미를 만나 치유와 회복을 하는 영화이다.

하워드는 사랑, 시간, 죽음에 대해 늘 관심이 많았다.

일상에서도 사랑, 시간, 죽음의 가치를 자신 있게 말하였고 흠잡을 곳 없는 가장으로서 회사 CEO로서도 손색이 없었다.

또한 회사 광고 카피로 "우리가 구매하는 모든 것은, 우리 삶의 마지막 날에 우리는 더 사랑하고 싶고 더 시간이 있었으면 하고, 죽기를 무서워하므로 구매하죠. 사랑, 시간, 죽음, 거기서부터 시작합시다."라고 말한다.

딸의 죽음으로 인해 우울증과 무기력, 그리고 절망에 빠진 하워드를 위해 동료이자 친구들은 사랑과 시간과 죽음이라는 3명의 연극배우를 섭외해서 하워드가 말했던 사랑과 시간과 죽음의 가치를 상기시켜 하워드 마음을 돌릴 수 있게 하려 한다.

섭외된 연극배우 '시간'이 나타나 하워드에게 말한다.
"그거 알아? 하루 시간은 더럽게 길다는 거, 난 넘쳐 나는 선물이지~ 네가 여기에서 징징대는 시간에도 네게 선물을 주고 있는 거야. 그리고 넌 그걸 낭비하고 있는 중이잖아."
하워드는 말한다. "시간엔 관심 없어. 징역형을 사는 기분이야. 네 선물 필요 없어. 내 딸의 시간을 빼앗았잖아."

공원에서 무기력하게 앉아 강아지들을 바라보는 하워드에게 '죽음'이 나타나 말한다.
"쟤들도 슬퍼해. 죽음을 이해하고 슬퍼하지. 걱정하지 마. 넌 죽으려면 아직 멀었어!"

매일 딸의 눈에서, 웃음소리에서 사랑을 느끼던 하워드에게 사랑이 나타나 말을 한다.
"살아 있는 한 나를 버릴 수는 없어요. 난 삶의 원천이에요. 나는 당신 안에 존재하고 모든 것 안에 존재해요. 당신이 만약 이 사실을 인정할 수 있다면, 그럴 수 있다면 난 잘 모르겠지만 당신 삶을 다시 살 수 있지 않을까요? 난 모든 것에 있어요. 난 어둠이자 빛이고 햇빛이자 폭풍이에요. 당신 딸의 웃음 속에도 있었고 지금은 당신의 고통 속에 있어요. 난 세상 모든 것의 유일한 이유예요."

사랑과 시간과 죽음은 삶의 고통이 주는 아름다움을 놓치지 말라는 메시지를 준다.

그럼에도 하워드의 마음의 고통은 사라지지 않는다.

딸을 잃은 고통으로 가정까지도 지킬 수 없었던 하워드는 아내와 이혼을 했고 전 부인을 알아보지 못할 정도로 자신의 현실을 강력하게 부인한다. 아내는 본인처럼 아픔을 당하는 사람들을 안내하는 집단 상담사 역할을 하고 있었고 하워드는 우연히 그곳에 발길이 닿아 들어가게 되었어도 여전히 전 부인을 알아보지 못한다. 그러다 크리스마스에 전 부인 집에 가서 두 사람이 대화하던 중 자신의 딸 이름을 말하고 왜 세상을 떠나게 되었는지를 말한다.

"내 딸 이름은 올리비아, 교모세포종 희귀 뇌종양을 앓다가 6살 때 세상을 떠났어."라고 힘들지만 자기 입으로 사실을 정확히 말하고 뜨거운 눈물을 흘리며 치유하는 장면이 퍽 인상적이다.

인간에게 가장 큰 스트레스 중 하나가 상실감이다. 사랑하는 가족의 갑작스러운 죽음을 쉽게 받아들일 수 없었던 하워드의 사례는 이해와 공감이 된다.

하워드는 딸아이가 죽기 전에도 사랑, 시간, 죽음의 가치를 잘 알고 있었던 사람이다. 하지만, 고통을 통해 사랑, 시간, 죽음의 가치를 더 깊게 알게 되고 그 뜻과 의미의 아름다움까지 만나게 된 것이다.

책 《신과 나눈 이야기》 중 "이론으로만 알고 있던 것들이 고통의 경험이 개념과 이어질 때, 비로소 글이 아닌 내 삶의 선물이 된다."라는 한 대목이 생각난다.

영화 대사 중에도 있듯이, "고통이 주는 아름다움을 놓치지 마세요~"

BASED ON THE BEST-SELLING NOVEL

SANAA LATHAN

NAPPILY EVER AFTER

LET YOURSELF GROW

SEPT 21 | **NETFLIX**

 감독: 하이파 알 만수르(Haifaa Al mansour)/미국/97분/2018년
출연: 산나 라단(Sanna Lathan), 리키 휘틀(Ricky Whittle)

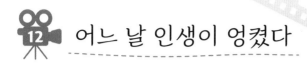

12 어느 날 인생이 엉켰다

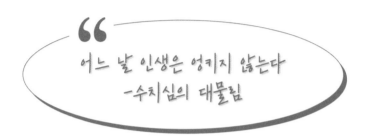

어느 날 인생은 엉키지 않는다
-수치심의 대물림

주인공 바이올렛은 잘나가는 광고 회사의 여성 임원이다. 실력도 있고 외모도 좋은 바이올렛은 어린 시절 어머니로부터 "흑인 여성의 머리는 곱슬머리가 아닌 긴 머리로 잘 관리를 해야 한다."라는 말을 듣고 자랐다. 그래서 뜨거운 고데기로 아침마다 머리를 펴는 일을 무엇보다 우선으로 하며 살았다. 바이올렛은 수영장에 가지 않는 것은 물론 비 오는 날씨에 민감하게 반응하고 애인과의 잠자리에서조차 항상 머리가 망가질까 봐 전전긍긍한다. 그리고 애인의 프러포즈와 선물에 집착을 보이며 언제나 외모도 남과 비교하며 항상 머리에 긴장을 쏟으며 생활한다.

그러던 어느 날, 약혼자가 떠나게 되면서 홧김에 머리를 확 밀어 버리고 자신의 삶이 뭔가 엉켰다는 것을 발견하고 풀어 나가는 통쾌한 이야기이다.

바이올렛은 자신의 열등감과 수치심이 그녀의 엄마로부터 이어 온 것이라는 알게 된다.

바이올렛은 엄마에게 처음으로 자신의 마음을 말한다.

"10살이 되던 해 아빠 회사 야유회에 갔던 날, 내 머리가 쭈글쭈글하다고 애들이 비웃어서 부끄러워 풀에 들어갔을 때, 그때 엄마가 날 끌어내서 차에 밀어 넣고 집으로 갔어요. 엄마가 그냥 날 안아 주며 그래도 예쁘다고 했다면 난 지금 어떤 사람일까요?"

바이올렛의 엄마도 바이올렛처럼 어린 시절부터 수치심을 경험했기에 딸에게는 이런 감정과 현실을 주지 않으려 최선을 다했을 것이다.
미국 사회의 편견으로 현실에서 받는 흑인에 대한 대접과 반응에 자신 있게 살기에는 그리 만만치는 않았을 것이다.

바이올렛이 비로소 자신보다 머리에 훨씬 비중을 두고 남 눈치를 보며 전전긍긍하며 살았다는 것을 깨닫는 어느 날, 떠났던 애인도 돌아오고 예전과는 전혀 달라진 바이올렛을 보고 약혼까지 하기에 이른다.
바이올렛의 약혼식에 온 흑인 하객들도 머리 따위에 신경 쓰지 않고 수영장에 몸을 풍덩 던질 수 있는 자유로운 자신들과 만난다.

바이올렛처럼 어린 시절부터 수치심이 내면화된 사람들의 특징은 의도치 않게 사람들과의 관계에서 상대들에게 수치심을 주는 행동이나 말 등을 한다. 또한 나이에 어울리지 않는 옷차림과 분위기에 맞지 않는 농담 등으로 분위기를 어색하게 하며 돈도 쓸데없이 많이 쓰고 잘난 체도 잘 한다. 관계에 집착하고 묻지도 않은 말에 먼저 자신이 약속을 한 후 지키지도 않으며 자신이 어떤 약속을 했는지도 잘 기억하지 못하는 경우가 많다.
완벽을 기하는 행동에 시달리기도 하며 쓸데없이 책임지려고 하며 상대들에게 친절을 먼저 베풀고 그것이 상대들에게 통할 때는 상대들을 통제하는 가스라이팅으로 이어지기도 한다.

남들이 나를 어떻게 생각하는지, 남들이 뭐라고 하는지 등 남의 눈치를 보고 남들 시선에 기죽고 말을 못 하며(남들은 본인에게 별로 관심도 없음) 가슴에 통증까지 느끼며 피해자 코스프레에 시달리며 사는 사람들의 모습을 보면 안타깝다.

세월이 조금 지나면 안다. 나를 알아주는 사람은 그저 '나'이다. 서로 관계하며 도우며 사는 것이지, 상대는 내가 원하는 만큼 나의 필요와 상처를 다 해결해 주지 못한다. 상대들에게 이것을 많이 요구하고 바랄수록 나는 감정의 노예가 될 수밖에 없고 그때부터 상대를 미워하며 내가 만든 고통의 우주 속에서 헤맨다.

이렇게 성장하지 못하고 있을 때, 조금 더 영악한 어떤 사람들이 나타나 가스라이팅을 하며 정신 차리게 해 준다.

내가 느끼는 감정과 생각이 진심인지를 진지하게 물으며 나아갈 때 내 인생의 주인은 나라는 것을 깨달을 수 있다.

존 브래드쇼의 《수치심의 치유》 중 수치심의 발달 단계

에릭슨(Erick Erickson)에 의하면 아이들은 정신적 발달의 2단계에 수치심을 느끼기 시작한다고 한다. 하지만 그보다 앞선 1단계에서는 반드시 기초적인 신뢰감이 있어야 하며 반드시 신뢰감이 불신감보다 더 강해야 한다고 한다. 우리는 세상을 알기 전 먼저 신뢰심부터 갖게 된다. 우리가 제일 먼저 접하게 되는 세상은 바로 우리를 돌봐 주는 부모이다. 우리는 누군가가 우리를 위해 존재하며 우리를 돌봐 준다는 것을 먼저 배워야 한다. 그러므로 우리를 보살펴 주는 사람들은 믿을 만하고 예측 가능한 행동을 하는 사람이어야 한다. 그리고 자신의 행동을 반영해 주고 의지할 수 있어야 세상을 신뢰할 수 있는 힘을 얻게 된다. 부모와의 신뢰 관계는 세상으로 가는 도약의 모든 교량이 된다. 그 교량은 우리의 가치를 가늠할 수 있는 척도가 된다.

정체성으로서의 수치심-수치심의 내면화(Internalization)

내면화란 여러 감정 중 특정한 상황에서 감정의 기능이 멈추어서 아예 성격 스타일 자체로 굳어졌다는 뜻이다. 아마 당신 주변에도 '투덜이' 혹은 '맨날 인상 찌푸리고 다니는 사람', 혹은 '슬픔에 젖어 사는 사람'이 있을 것이다. 이런 경우 그들은 어떤 특정한 감정이 이젠 그 사람의 정체성, 즉 성격의 핵심이 된 것을 보여 준다. 어떤 사람들이 화를 내거나 슬퍼할 때는 이미 그들이 화가 났다거나 슬퍼한다고 여길 수 없는데 이는 그들이 이미 화, 슬픔 자체이기 때문이다. 수치심이 내면화하는 과정을 세 가지로 나누어 보면 다음과 같다.

- 수치심이 내재된 사람에게 양육을 받아 수치심을 학습하며 자신과 동일시하여 나중에는 그 사람과 마찬가지가 된 경우

- 어릴 적 버림받고 학대받은 충격으로 인해 감정과 욕구, 동기가 수치심에 묶인 경우

　　- 수치심이 드는 기억들이 내면화되어 속에서 계속 악순환으로 작용하는 경우

존 브래드쇼, 김홍찬, 고영주 옮김, 《수치심의 치유(한국상담심리연구원 2013)》, 27P

Part 3

✦만남의 이름으로

CHOI MIN-SIK
최민식

증명하라,
옳은지 그른지

이상한 나라의
수학자

 감독: 박동훈/한국/117분/2022년
주연: 최민식, 김동휘, 박해준, 박병은, 조윤서

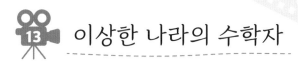

이상한 나라의 수학자

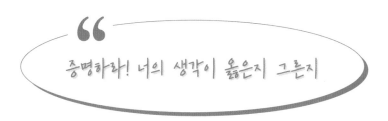

증명하라! 너의 생각이 옳은지 그른지

이 영화는 영화 평론가 사이에서 그리 높은 평가는 받지 못한 영화이다.

나는 평론가들이 말하는 영화의 기술적 부분, 구도, 이슈와 관객의 수가 얼마가 됐는지의 흥행의 초점보다는 영화 속 메시지가 주는 소중하고 중요한 부분을 발견해 이 영화를 추천한다.

월남한 수학자 이학성(최민식)이 경비로 재직하는 영재고등학교에서 학생 지우와의 만남을 통해 인생의 원리를 알려 주는 영화이다.

지우는 기숙사에 술과 간식을 반입한 일로 기숙사에서 1달을 쫓겨나게 되고 오갈 데 없는 지우는 이학성의 도움을 받아 경비실에서 잠을 잔다. 이 계기로 이학성은 지우에게 수학을 가르쳐 주게 된다.

이학성은 지우에게 "너는 수학을 왜 하나?"라는 질문을 하고, 지우는 당연히 시험 점수 때문이라고 말한다. 학성은 수학은 시험과는 무관한 '풀이하는 과정', 즉 "생각하는 힘을 키우는 과정이다."라고 말한다.

그리고 "어떤 문제가 잘 이해가 안 될 때는 칠판에 빼곡히 적어서 풀어 봐야 한다. 몸으로 직접 부대끼며 이해해야만 사랑할 수 있지."라고 말한다.

학성의 이런 대사는 삶의 원리들을 말한다. 생각하는 힘이 없는 사람들이 사는 삶은 남들이 제시하는 길을 가거나 남들이 쉽게 가는 길을 조금도 의심 없이 결과만 보고 따라가기 쉽다.

학성의 말대로 몸으로 직접 부대끼며 이해해야만 사랑할 수 있다.

그런 경험이 자신의 숭고함을 증명할 수 있기 때문이다. 이때만 정직한 힘이 살아난다.

이런 사람이야말로 자신의 삶에 대한 의지와 목표, 뜻과 감정까지도 책임질 수 있는 성숙한 사람이다. 이것이 수학을 하는 이유, 즉 생각하는 힘을 키우는 것, 수학적 사고의 중요성이다.

예를 들어 매일 아침 10시에 일어났던 사람이 어느 날 결심하고 7시에 일어나서 운동을 하겠다고 한다? 될 수가 없는 일이다. 작심삼일과 함께 자책까지 한다.

운동을 하겠다는 마음이 진심이라면 수학적 사고로 의욕과 욕심을 빼고 그동안 몸을 관장한 나의 뇌를 이해해 줘야 한다. 그리고 당장 내가 쉽게 할 수 있는 방법들을 찾는다. 10시에 일어났던 현실 부분을 체크하고 9시 30분에 일어나고 밤에는 30분 정도 일찍 자며 운동 방법도 내가 잘하고 재미있게 할 수 있는 것들을 찾는 등의 정보(여건, 경비, 환경)와 지식 등을 모아야 한다.

똑같은 일로 실수를 반복하고, 욕을 먹고, 남을 흉보고, 돈을 손해 보고, 교통사고를 잘 내고, 물건을 분실하고, 집중이 잘 안되는 일은 원리가 다 똑같다.

수학적 사고가 아닌, 생각하는 힘이 없이 의욕과 욕심으로만 들이댔다가

한 방 까이고 나가떨어진 격이다.

수학은 정해진 답이 있다.

이 세상 온 우주 만물도 정확한 법칙과 순리에 의해서 돌아가고 있다.

별과 달, 밤과 낮, 남과 여, 죽음과 탄생 등…. 사계절 속에서 나타나는 현상계의 질서는 수학의 공식처럼 정확하고 명확하다. 인간의 생각과 욕심만 복잡하고 답이 없을 뿐이다.

수학적 사고에 입각한 '사실'을 보고 그 바탕 위에 내 생각을 어떻게 바꿀수 있는지를 선택해야 한다.

그런데 사람들은 사실이 무엇인지를 보지 않으려 하고 남들과 비교하며 살면 상대적 박탈감과 기대치에 시달릴 수 있다.

타고난 성향과 재능과 기질이 다 다른 우리는 다 의미가 있고 소중한 인생이다. 경쟁 사회라는 거대한 물살 속에서 수학적 사고인 '사실과 생각'의 구별을 꾸준히 해야 한다.

인생을 통틀어 이 훈련이 되기만 한다면 어떤 일보다 충분한 가치가 있는 일이다.

중요한 것은 생각을 바꿀 수 있는 기술은 꾸준한 시간 대비 장거리 훈련의 작업이라는 것이다.

충남 금산에는 이것만 2박 3일 훈련하는 영성 단체도 있다. 너무 고맙지 않은가?

수학적 지수가 영성 지수라고 해도 과언이 아닐 듯싶다.

감정과 욕심과 이기심으로 권력의 큰 목소리로 소리치는 사람들을 머리가 나쁘다고 하는 말은 IQ의 문제가 아닌 영성의 문제이다.

삶의 원리=수학의 원리. 마음도 과학이고 수학이다.

"어떤 문제가 잘 이해가 안 될 때는 칠판에 빼곡히 적어서 풀어 봐야 한다. 몸으로 직접 부대끼며 이해해야만 사랑할 수 있지."

힘든 어떤 일들을 노트를 꺼내서 빼곡히 적어 보자. 적어보면 안다. 무엇이 생각이고 무엇이 사실인지를, 그리고 사실 때문에 괴로운 것이 아니라 생각 때문에 괴롭다는 것을 알게 된다.

생각이 고통과 괴로움의 70%가 넘는다고 하지 않는가? 어떤 일을 객관화할 수 있는 아주 좋은 명상법 중 하나이다.

심리학(心理學)은 마음의 현상을 연구하는 과학이다.

내 마음임에도 힘든 마음은 내가 알아서 처리하고 해결할 문제가 더더욱 아니다.

정확한 법칙과 룰 속에서 움직이는 것이다. 원리를 따라 잘 만나 주고 이해하고 들어 줄 때 해결되는 것이다.

이준익 감독 作品

설경구 변요한 이정은 민도희 최규태 강기영

벗을 깊이 알면
내가 더 깊어진다

자산어보

절찬상영중

감독: 이준익/한국/126분/2021년
주연: 설경구, 변요한, 지정은, 민도희, 차순배, 강기영

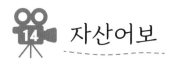
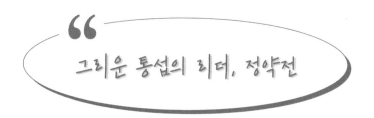

〈자산어보〉는 정약전과 그와 함께한 어부 '창대'라는 인물의 아름다운 관계, 그리고 정약전이라는 인물의 사상과 지식의 융합을 그려 낸 영화이다.

1801년 정순 왕후는 어린 순조를 앞세워 수렴청정을 하며 남인 세력을 배제하고 정약전, 정약종, 정약용, 이 삼 형제가 유교에 반하자 천주교 박해(신유박해)로 정약용은 강진, 정약전은 세상의 끝인 흑산도로 유배를 보내게 된다.

정약전은 흑산도에서 백성들의 삶 속으로 들어가 동화되며 어떻게 하면 이들에게 도움이 될 수 있을까 고민하던 중 어류학서를 집필하려는 마음을 갖게 되는데 이때 만난 청년이 '창대'였다.

창대는 흑산도에서 태어나서 자란 토박이였고 물고기에 대한 해박한 지식과 물고기 낚는 많은 경험이 있고 최대 관심사 역시 글공부였다.

그동안 창대는 섬에서 혼자 공부하며 글공부의 한계를 느끼던 중 정약전을 만나게 되며 서로의 지식을 바꾸는 관계가 시작된다.

어류학서 《자산어보》는 정약전이 창대의 도움을 받아 흑산도 연해에 서식하는 물고기와 해양 생물 등을 채집해 명칭, 형태, 분포, 실태 등을 기록한 서적이다.

세밀한 해설로 수산 생물의 특징을 서술한 《자산어보》는 해양 자원의 이용 가치는 물론 당시 주민들의 생활상까지 엿볼 수 있는 귀중한 자료로 평가를 받고 있고 또한 물고기와 해양 생물의 맛을 기록하고 간단한 요리법까지 덧붙여 배움이 아닌 실용적인 측면을 최대한으로 강조한 책이다.

정약전은 책 《자산어보》에서 그 당시 상놈이었던 창대의 이름을 9번이나 언급하는, 명망 높은 사대부 학자로서 매우 고결한 인품도 엿볼 수 있다.

정약전은 《자산어보》에서 "내가 어보를 만들기 위해 섬사람들을 두루 만나 보았다. 그러나 섬사람들 말이 각기 달라 정리하기에 어려웠으나 섬 안에 창대라는 젊은이가 있었다. 어려서부터 배우기를 좋아했으나 집안이 가난하여 책이 많지 않은 탓에 식견을 넓히지 못하였다. 그러나 성품이 신실하고 정밀하며 물고기와 해충, 바닷새 등을 모두 세밀히 관찰하고 깊이 생각하며 그 성질을 터득하고 있었으므로 그의 말은 믿을 만하였다. 그리하여 나는 오랜 시간 그의 도움을 받아 책을 완성하였는데 이름을 지어 자산어보라 한다."라고 기록하고 있다.

창대가 공부의 한계를 느끼고 있을 때 정약전이 찾아와 하는 말도 매우 감동이다.

"서양 사람들은 이 땅이 둥글다는 것을 알면서도 천주님을 믿었고 나는 성리학으로 서양의 기하학과 수리학을 받아들였다. 성리학과 서학은 적이 아니라 같이 갈 학문이고 벗이다. 벗을 깊이 알면 내가 더 깊어진다."

철학의 성리학, 과학과 기하학, 수리학, 종교, 자연과 사람의 관계를 인문학으로 귀결 지으며 통섭을 이루는 그의 열린 사상과 세계관에 매료된다.

어느 날 창대가 정약전에게 묻는다.

"왜 선생님은 동생 정약용 선생님처럼 다른 책은 쓰시지 않습니까?"

"내가 바라는 것은 양반도 상놈도 적자도 서자도 없고 주인도 노비도 없고 임금도 필요 없는 그런 세상이다. 그러니 내 어찌 그런 책을 쓸 수 있겠는가? 나는 성리학으로 천주학을 받아들였는데 이 나라는 나 하나도 못 받아들였다. 이 나라의 성리학은 누구를 위한 것이냐? 이 나라의 주인이 성리학이냐, 백성이냐? 이 세상은 나를 감당하지 못한다."

그 말을 듣고 창대는 자신의 꿈과는 생각이 다르다며 정약전을 떠나게 된다.

창대는 나라의 통치 이념인 성리학을 제대로 알고 실천하는 것이 백성을 위한 길이라 믿고 섬에서 힘겹게 서적을 구해 읽으며 흑산도를 벗어나 출셋길에 오르는 것이 꿈이었다.

결국 창대는 진사까지 패스하고 아전(정치 현장)에 들어갔으나 본인의 한계에 부딪히고 고향인 흑산도로 돌아오지만 정약전 선생님은 돌아가셨고 자신에게 남긴 편지 한 통을 받는다.

"창대야, 나는 흑산이라는 이름이 무서웠다. 한데 너를 만나 함께 지내며 무서움이 없어지고 호기심 많은 인간이 유배 길에 잃었던 호기심을 되찾게 되었다. 그리하여 네 덕분에 음험하고 죽은 검은 새 흑산에서 그윽하고 살아 있는 검은 새, 자신을 발견하게 되었다. 창대야, 학처럼 사는 것도 좋으나 구정물, 흙탕물이 묻어도 마다하지 않는 자산 같은 검은 새 무명천으로 사는 것도 뜻이 있지 않겠느냐?"

그 당시 조선 최고의 엘리트였던 그의 신분과 학식.

당당하면서도 겸손하고 세상과 자연의 이치 속에서 순응하며 살아갔던 정약전.

어떻게 하면 이렇게 향기 나는 삶을 살 수 있을까?

영화가 끝나고 한참을 그리움에 머문다.

 감독: 강대규/한국/115분/2010년
주연: 김윤진, 나문희, 강예원, 이다희, 장영남, 박준면, 정수영, 이태경(1살 민우)

15 하모니

"
눈물은 치유의 씨앗

의처증이 있는 남편으로부터 폭행을 당하면서 배 속의 아이를 지키려다
가 남편을 살해하고 교도소에서 아이와 함께 지내는 정혜, 자신의 제자와
바람난 남편과 제자를 살해한 음악 교수 문옥, 코치에게 목을 조르는 기술
을 걸었다가 코치가 죽는 바람에 살인죄로 들어온 프로 레슬러 출신 연실,
사채를 썼다가 살인 사건이 생겨 들어온 화자, 성악을 전공하고 자신을 성
폭행한 의붓아버지를 살해한 죄로 교도소에 들어왔으나 친엄마저도 그
상황 속에서 자신의 죄로 몰아 정신적으로 힘들어서 여러 번 자살을 선택하
나 그마저도 자신의 뜻대로 되지 않아 만나는 사람들과 늘 부딪히는 유미.

다양한 상처와 아픔으로 모여 합창단을 만들어 가며 그 안에서 마음을
풀어놓고 서로 신뢰할 때 상처와 아픔이 회복되었고 그 에너지가 그곳에
함께 있는 사람들에게 감동으로 전해진다.

노래를 잘해서도, 화음이 잘 맞아서도 아닌 짜증과 원망이 변해 자신들
이 할 수 있는 일을 재미있고 즐겁게 할 때 노래가 나오고 화음이 맞춰지

고, 비로소 그때 가족들과 이웃들이 그리고 내게 있는 것들이 얼마나 소중한지를 깨닫고 감사하게 되는 영화이다.

특히 이 영화 속에서 눈물이 흐르는 대목이 많이 나오는데 18개월 된 민우와 헤어져야 하는 정혜, 〈대니 보이〉를 부르던 유미의 빈번한 자살 시도를 "죽음으로 자신을 다시 살리려고 한다."라며 유미 삶의 깊이를 이해해 준 문옥의 피아노 반주는 감동이 되어 눈물이 터져 나온다.

그렇다! 살고 싶어서 죽으려는 것이다. 말의 앞뒤 문맥이 맞지 않는 듯하나 자살하고자 하는 사람들의 내면 깊숙이는 살고 싶음이 너무 간절한데 현 상황으로는 해결할 수 없는 절망에 이른 것이다. 이런 상황에 놓인 자신이 죽음으로써 다시 태어나고 싶은 것이다.

후에 사형 집행을 선고받고 가는 엄마와 같은 문옥을 향해 함께한 수감자들이 불러 주는 〈찔레꽃〉 노래.
정말 오랜만에 가슴 후련하게 머리가 띵하도록 울고 나니 하늘이 맑고 몸도 가벼워졌다.

우리는 가끔 울어야 한다. 살면서 인지하든지 모르든지 상처받고 아파하는 부분들을 눈물로 빼내 주어야 한다.

생각해 보면 어린 시절, 실컷 울고 나면 울기 전 감정보다 무척 개운했던 기억이 있다. 눈물은 우리의 영혼을 치유해 주는 힘이 있기 때문이다.
실컷 울고 나면 이유가 어쨌든 분노가 싹 사라진 경험이 있을 것이다.
현 사회 구조 속에서 특히 남성들은 울고 싶어도 울지 못하고 여성과 아이들조차도 우는 것은 약하다고 생각하기 때문에 감정들은 우리 내면에서 분노, 우울, 무기력, 슬픔 등으로 정체되며 계속 쌓일 수밖에 없다. 아이들의 학교 폭력과 욕을 많이 하는 것들, 여자들의 긴 수다와 남의 말을 하는 것 등도 감정 체증을 토해 내지 못한 이유라고 볼 수 있다.

영화 〈하모니〉처럼 우리의 감정을 자극하여 눈물을 일부러라도 작정하고 1년에 2~3회 정도는 보며 우리 안에 쌓여 있는 감정의 노폐물과 호르몬들을 밖으로 배출하는 것이 필요하다.

미국에는 '프라이멀 테라피(Primal Therapy)'라는 프로그램으로 참가자에게 눈물을 흘리게 하여 내면의 아픔과 어린 시절의 상처를 치유 작업을 하는 곳이 있고 한국에서도 충남 금산에 있는 '삶을 예술로 가꾸는 사람들(ALP)'에서 이 프로그램을 진행하고 있다.

8주간 미 박스오피스를 점령한 기적 같은 흥행작

세인트 빈센트
ST. VINCENT

골든글로브 작품상, 남우주연상
미배우조합상 여우조연상 노미네이트

빌 머레이 나오미 왓츠 멜리사 맥카시

3월 5일. 세대초월 입소문 블록버스터를 만난다!

60살 철부지, 10살 애어른
인생을 알게 해준
특별한 내 친구 ...

 감독: 데오도르 멜피/미국/102분/2015년
주연: 빌 머레이, 나오미 왓츠, 멜리사 맥카시, 제이든 리버허

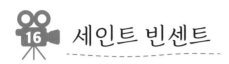

세인트 빈센트

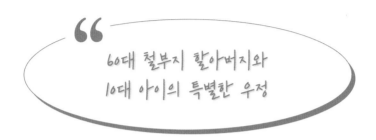

> 60대 철부지 할아버지와
> 10대 아이의 특별한 우정

　괴팍한 할아버지 세인트 빈센트, 우리 안의 빛과 그림자를 만나게 하는 영화이다.

　빈센트는 훔친 사과로 하루를 시작하고 술과 담배에 중독되어 있으며 경마를 즐기며 스트립 걸 애인까지 있다. 주택 담보로 8년을 살았음에도 마이너스 통장 대출까지, 이제 더 이상 갈 수 없는 상황에 놓인 세인트.

　올리버와 엄마가 빈센트 동네로 이사 오던 날, 이삿짐센터 차의 실수로 빈센트의 집 울타리와 자동차와 나무까지 망가트리게 되며 어색한 기분으로 서로 인사를 나눈다.

　올리버는 새로 전학 간 학교에 친구들보다 키도 작고 체력도 약하다. 첫 날부터 친구들은 올리버의 벗어 놓은 옷을 가지고 가 버리는 등 괴롭힘을 당하며 집에 돌아왔으나 집에 들어갈 키가 없어 할 수 없이 빈센트 집에서 엄마가 올 때까지 있게 되고 빈센트는 베이비시터 역할을 하며 올리버와 하룻낮을 함께 지낸 후 올리버는 빈센트를 재미있는 할아버지라고 엄마한 테 말한다.

그날 이후 올리버 엄마는 많은 업무량으로 올리버를 케어할 시간이 부족해 빈센트에게 올리버를 위한 베이비시터를 부탁을 하게 되고 올리버와 빈센트는 자주 함께 시간을 보내게 된다.

빈센트는 엄마를 대신해 올리버를 차로 하교시켜서 경마장과 술집 등을 데리고 다니며 숙제는 차 안에서 해야 한다는 일방적인 규칙(?)까지 만들고 경마장에서는 도박의 규칙과 원리도 가르쳐 준다. 올리버는 아이 성인이고 빈센트는 성인 아이인 셈이다.

어느 날에 빈센트는 병원에 가서 치매로 자신을 알아보지 못하는 아내를 위한 배려로 의사 옷을 입고 아내의 빨래도 매번 세탁을 해서 가져가기도 하며 의미 있는 일도 보여 주기도 한다. 괴롭힘을 당하는 올리버를 보고 자신을 방어할 수 있는 기술도 가르쳐 주며, 월남전 이야기도 해 주고, 경마장에서 큰돈을 따기도 하며 둘은 점점 친해져 간다.

그러던 어느 날 빈센트가 뇌졸중으로 병원에 입원하게 되고 그사이 아내는 세상을 떠나고 올리버는 다른 베이비시터 케어를 받게 된다. 올리버가 빈센트에게 인사를 하러 찾아왔을 때 빈센트는 "나의 삶은 망했다. 나처럼 살지 마라."라고 하며 갖고 있던 물건들을 쓰레기통에 다 갖다 버린다. 올리버는 그중 월남전에서 찍은 사진을 발견하고 그때부터 빈센트를 아는 어른들을 통해 빈센트의 삶을 파헤치기 시작한다.

올리버 학교에서는 가족과 친구들을 초대해서 '성인 발표회' 시간을 갖는다.

올리버는 옆집 할아버지 빈센트를 '성인'으로 이렇게 소개한다.

"담배를 많이 피우고 욕하고 거짓말하고 속이고 밤의 여인(스트립 걸)과 가까이 지내고 사람들을 좋아하지도 않고 하지만 아내를 극진히 사랑하고 그녀의 빨래를 8년이나 맡아서 하며 성인의 뜻을 이루기 위해 군인으로서 산 삶과 무엇보다 새로 전학을 온 학교에서 왕따를 당하는 약골인 자신에게 '용감하라.'라며 힘을 쓰는 기술과 요령을 터득하게 알려 준 아저씨를 세인트로 대접한다."

우리는 기준과 기본을 넘어서는 행동을 하는 사람들을 보면서 이렇다고 저렇다고 바로 판단을 하기 쉽다. 그러나 우리가 상대를 얼마나 알겠는가? 그럴 수밖에 없었던 그 입장과 상황에서 받는 고통들을 얼마나 알고 말하는 걸까?

취업이 안 되어 집에만 있는 어느 청년에게 그 나이에 뭘 못 해서 방구석에만 있냐고, 매일 술에 절어 저녁에 일어나고 아침에 잠드는 40대 어떤 주부에게도 그게 무슨 엄마냐고 혀를 찰 때, 그 청년과 엄마가 고통의 양이차서 뇌의 물리를 일으키는 과정 속에 있을지 누가 알겠는가?
다 모르는 일이다. 다 그럴 만해서 그렇지 않을까? 그래도 죽지 않고 버텨 줘서 고맙지 않은가?

사람은 한 가지 면만 있지 않다. 누구나 내면에 빛과 그림자의 모습이 다 있다.
누군가에게는 좋은 사람인가 하면 또 누군가에게는 안 좋은 사람으로 보일 수 있다.
다 좋은 면만 있는 것도 아니고 다 나쁜 면만 있는 것도 아니다.

우리는 다 자신들만의 모습 속에서 들키지만 않을 뿐, 이상한 부분들이 다 있다. 개인의 기질, 습관, 기호, 취미, 성향 등 타인들에게 다 보이지 않은 특정한 어떤 부분들이 다 있다.

정도의 차이는 있어도 나 자신만 해도 그렇고 상대들도 그렇다.

어느 날 상대들의 그 이상한 행동들을 알게 되면 당황스럽다며 "의외네~" 하며 고개를 갸우뚱하기도 하지만 실은 이것이 인간이다.

스위스의 정신 분석학자 칼 융은 페르소나와 그림자로 말한다.

"인간의 영혼 안에는 사회와 타인이 기대하는 모습으로 행동하고자 하는 만들어진 모습을 페르소나라 하고 자아가 의식적으로 거절한 감춰진 부분을 그림자"라고 말한다. 이 두 개의 행동이 만날 때 비로소 건강한 삶을 살 수 있다는 것이다.

BTS의 음악 앨범 〈MAP OF THE SOUL: PERSONA〉의 인트로 〈Persona〉에는 이런 가사가 담겨 있다.

"나는 누구인가 평생 물어 온 질문. 아마 평생 정답은 찾지 못할 그 질문. 나란 놈을 고작 말 몇 개로 답할 수 있었다면 신께서 그 수많은 아름다움을 다 만드시진 않았겠지."

시네마 테라피는 우리 안에 있는 페르소나, 빛과 그림자들을 유머로 수용하며 만나 준다.

고백하며 웃을 때 공감하며 떨어져 나가는 것을 경험한다.

이 영화를 만날 수 있어
"난 정말 행복했다"

제77회 아카데미
시상식 4개 부문 수상
작품상 감독상 여우주연상 남우조연상 수상

백만불의 눈물을 전해준, 나의 소중한...

밀리언 달러 베이비
MILLION DOLLAR BABY

클린트 이스트우드 감독 클린트 이스트우드 힐러리 스웽크 모건 프리먼

 감독: 클린트 이스트우드/미국/133분/2017년
주연: 힐러리 스웽크, 클린트 이스트우드, 모건 프리먼

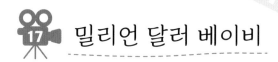

밀리언 달러 베이비

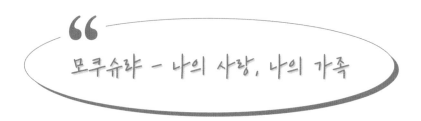

"
모쿠슈라 - 나의 사랑, 나의 가족

"그 앤 죽고 싶어 하는데 난 함께 있고 싶어요."

사랑해서 죽음을 선물한 남자 프랭크.

이 영화는 개봉 당시 안락사나 종교적인 부분, 권투 세계와 연관을 지어 여러 문제가 제기되었으나 사람이 사람과 관계를 맺으며 서로를 신뢰하고 아끼는 과정의 가치를 그린 영화이다.

사랑하는 이들의 삶과 죽음 앞에서 스스로 어떻게 결정하고 감수해야 하는지도 알게 한다.

매기는 권투를 통해 프랭키를 만나 삶의 열정을 다 태우고 삶을 마감한다.

프랭키는 매기를 딸이라 생각하고, 매기는 프랭키를 일찍 돌아가신 아버지처럼 생각한다. 그렇게 서로의 부족함을 채워 가며 가족 아닌 가족 이상의 치유까지 일어난다.

주인공 프랭키는 지혈사 출신의 트레이너이다. 그는 훌륭한 매니저이며 젊고 능력 있는 선수들을 너무 아낀다.

과거 경기 도중 스크랩의 상태를 보고도 타이틀을 위해 포기하지 않아 한쪽 눈을 실명시키게 했다는 자책으로 본인 스스로를 용서하질 못하며 책임감으로 스크랩에게 자신의 체육관 총무의 일 맡긴다. 그러던 어느 날 매기라는 여자 선수가 찾아와 자신을 코치해 줄 것을 요청하지만 거절한다.

그러나 매기는 포기하지 않는다. 그녀 인생의 처음이자 마지막 기회일지도 모른다는 생각에 매기는 간절하다. 매기는 자신을 거절하면서 생일에 축하한다는 말을 하는 프랭키에게 화가 나 이렇게 말한다.

"오빠는 감옥에 있고 여동생은 양육비를 뜯어내려고 정부를 속이고 아빠는 돌아가셨고 엄마는 몸무게가 140kg이나 나가요. 근데 문제는 복싱이 너무 좋다는 거예요. 나이 때문에 포기해야 한다면 저한텐 아무것도 없는걸요."

결국 매기의 고집과 열정에 매니저가 생길 때까지만 받아 주기로 한다. 매기는 프랭키의 코칭을 받으며 눈부신 성장을 한다. 매기는 링 위에 올라가기만 하면 1라운드에서 선수들을 거의 KO로 눕히는 바람에 상대가 생기지 않아 일부러 상대 선수 매니저들에게 돈을 줘서 시합을 붙일 정도였다.

깐깐한 프랭크는 매기의 가능성과 능력을 끌어내 100만 달러가 달려 있는 챔피언전에 매기를 세우나 매기는 반칙을 잘 쓰는 상대의 펀치에 쓰러져 의자에 목을 다치고 전신 마비가 된다.

프랭키는 매기를 고쳐 보려고 가능한 병원을 모두 알아보지만 불가능했고 급기야 다리가 썩어 들어가 절단까지 해야 하는 상황이 온다. 매기는 프랭키에게 안락사를 부탁할 정도로 고통스러워하다가 스스로가 혀를 깨물어 자살 시도를 하게 된다.

이런 매기를 보며 프랭키는 고민하고 또 고민한 후 매기를 보내 주기로 한다.

프랭크가 존엄사를 두고 고민하다가 신부님을 찾아가 말한다.
"그 앤 죽고 싶어 하는데 난 함께 있고 싶어요. 그 앤 하나님께 말하는 게 아니라 나한테 부탁하고 있어요."

신부는 프랭키에게 이렇게 말한다.
"당신은 23년간 한 주도 빠지지 않고 여기(교회) 나왔죠. 그런 사람은 쉽게 자신을 용서할 수 없어요."
완벽을 추구하며 빈틈없이 사는 깐깐한 성격의 프랭키에게 신부님이 이렇게 말하는 것은 옳고 그름에 사로잡혀 사는 프랭키가 매기를 안락사를 한 후 받게 되는 마음의 고통을 염려한 것이다. 프랭키는 딸과도 화해를 못하고 살고 있던 것을 신부님은 잘 알고 있었기 때문이다.

프랭키는 그럼에도 이 일을 단행한다.
스크랩에게 찾아가 자신이 상처 준 말까지 사과하고, 매기에게 존엄사를 하겠다고 먼저 말하고, '나의 사랑, 나의 가족'이라고 모쿠슈라의 뜻을 속삭이며 볼에 입맞춤을 하고 그녀를 보낸다.
매기는 아주 편하게 떠난다. 여한이 없는 표정이 인상적이었다.

매기를 만나고 그의 가능성을 발견시켜 챔피언으로 만들고 그 모든 과정 속에서 자신의 문제, 딸과의 관계도 결국 '이 세상 그 무엇보다 사랑이 먼저'라는 것을 알게 되는 프랭키.
우리는 매기를 보낼 때 프랭키가 하는 말을 통해 이를 깨달을 수 있다.

"모쿠슈라, 나의 사랑, 나의 가족!"

 감독: 피터 패널리/미국/130분/2019년
주연: 비고 모덴스, 마허 샬라 알리, 린다 카델리니

18 그린 북

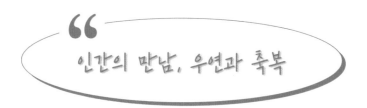

인간의 만남, 우연과 축복

이 영화는 1962년 미국에서 흑인이 백인을 고용했을 때 일어난 실화를 바탕으로 만들었다. 인종의 차별을 넘어 전혀 다른 두 사람이 만들어 낸 인생 감동 드라마다.

2019년 제91회 아카데미 시상식에서 작품상, 남우조연상, 각본상을 받은 영화이다.

그린 북(Green Book)은 1930년대 흑인 운전자들을 위한 초록색으로 된 가이드북이다. 그 당시 인터넷이 없었기 때문에, 흑인들이 장거리 여행을 할 때 필요한 정보를 담은 가이드 책이다. 호텔, 식당, 주유소 등의 위치와 특히 흑인으로서 반드시 지켜야 할 조항들, 예를 들면 백인 화장실과 식당은 들어갈 수 없고 백인의 승용차도 추월할 수 없다는 등의 내용들이 들어 있는 매뉴얼 북이다.

백인인 토니 발레롱가는 〈코파〉라는 술집에서 일하는 유능한 직원이었으나 2달 동안 내부 공사로 인해 일자리를 잃게 된다. 아들 2명과 아내가 있는 가장으로서 계속 쉴 수가 없게 되어 운전기사 면접을 보러 갔다가 채용인인 흑인 돈 셜리와 만나게 된다. 흑인에 대한 편견을 갖고 있었던 토니는 돈 때문에 할 수 없이 일하기로 한다. 돈 셜리는 자신의 공연을 위해 전국 투어를 함께할 고용 기사는 물론 개인 비서와 시중까지 해 줄 것을 요구하고 토니는 그린 북이라는 책 한 권을 받게 된다. 셜리는 토니에게 자신의 공연장에 미리 가서 '스타인웨이' 피아노인지를 반드시 확인할 것과 차 안에서 담배를 꺼 달라고 요구한다. 시작부터 편치 않은 기분으로 티격태격하며 두 사람은 전국 투어 여정을 펼치게 되고 토니는 흑인인 셜리에 대한 반감과 불신을 보여 준다.

다음 날 밤, 훌륭한 트리오의 첫 공연으로 토니는 셜리의 피아노 실력에 깜짝 놀라며 셜리에게 반하기까지 한다.

다음 공연을 할 장소로 와서 연주할 피아노를 살피는데 '스타인웨이'가 아닌 것을 발견하지만, "흑인 주제에 아무거나 주는 대로 치면 되지."라고 말하는 사람이 있어 토니는 그 사람을 때린다. 후에 피아노가 바뀌어서 왔고 태도도 아주 공손해졌다. 덕분에 셜리는 공연을 잘 하게 된다.

여행이 계속되는 중 셜리는 인종 차별에 스트레스를 받고 동성연애를 하다가 경찰에 연행되기까지 한다. 옷이 벗겨진 채로 수갑이 채워져 있는 모습을 목격하고 토니는 돈을 주고 문제를 잘 해결하고 경찰서에서 셜리를 데리고 나온다. 셜리는 경찰에게 돈을 줬다며 자존심이 상했고, 둘은 그렇게 서로 감정이 상한 채 다음 지역으로 옮겨 간다. 하지만 저녁에 두 사람은 서로가 사과를 하며 진심으로 마음을 나눈다.

비가 오는 어느 날, 공연을 마치고 도로를 달리는데 경찰차가 다가와서 무조건 내리라고 한다. 경찰이 토니에게 너도 반은 흑인이라고 하자 토니는 경찰을 폭행하게 되고 둘은 경찰서에 갇히게 된다. 셜리는 자신의 변호사에게 전화 한 통을 하겠다며 전화를 한다. 그렇게 연락이 온 곳이 추적해보니 케네디 대통령의 동생 법무장관 바비 케네디였다. 이 사건으로 두 사람은 말다툼을 한다. 이때, 셜리는 토니에게 "나는 성에서 살아, 토니. 돈 많은 백인이 피아노 치라고 돈을 주지. 하지만 무대에서 내려오는 순간 그 사람들한텐 나도 그냥 흑인일 뿐이야. 충분히 백인답지도, 충분히 흑인답지도, 충분히 남자답지도 못한 나는 과연 무엇이란 말이지?"라며 울분을 토한다.

셜리는 천부적 재능은 물론 그 당시 높은 학식과 매너와 인격, 그리고 경제적인 능력까지 제대로 갖춘 사람이었으나 단지 피부색이 검다는 이유만으로 차별을 당한다. 그의 아픔이 고스란히 느껴지는 대사이다.

다음 날, 마지막 공연을 앞두고 식사하러 식당에 들어가려 했으나 식당 매니저는 연주자인 셜리가 흑인이기 때문에 식사는 창고에서 하라는 말을 한다. 그 말에 토니와 셜리는 연주를 취소하고 근처 흑인 식당으로 가서 식사 후 그곳에 있던 밴드와 즉흥 연주까지 한다. 순식간에 그 흑인 식당은 파티장이 되고 셜리는 지금까지의 연주 때와는 볼 수 없었던 환한 미소와 신명 난 열정적인 모습을 보인다.

마침 크리스마스에 모든 일정을 마친 두 사람은 뉴욕에 도착했고 토니는 셜리를 자신의 집으로 초대하지만 셜리는 마음을 여는 것이 무서웠던지 혼자 자신의 집에서 크리스마스를 지내려 하다가 다시 토니의 집을 방문한다. 토니는 물론 그의 가족, 친지들까지 셜리를 따뜻하게 맞이하며 영화는 끝난다.

실제 인물 도널드 셜리와 토니 발레롱가는 2013년 몇 개월 차이로 사망할 때까지 계속 관계를 유지하며 우정을 이어 나갔다고 한다.

그 당시 흑인에 대한 인종 차별은 대단했다고 한다. 정치, 경제적으로 사회적으로 엮인 관계 속에서 일반인들의 견해와 구조는 생각보다 더 견고하고 단순하지 않았을 것이라 보고, 주인공 토니가 영화 내용대로 한 것은 가슴이 시키는 대로, 즉 자신의 양심으로 기쁘게 한 것임을 알 수 있다.

특히, 아내와의 관계 그리고 가족들의 사랑과 지지는 자신의 행동을 하는 데 있어서 분명하고 힘이 있었다. 진짜가 무엇인지를 알고 하는 행동이었다.

셜리 역시 음악에 대한 열정과 자신에 처한 입장에 최선을 다하는 모습과 상대에 대한 조용한 배려와 설득력 있는 실력까지 힘 있고 멋졌다.

인종과 차별이 없는 지금 우리 세대에서 '특별한 우정이란 과연 무엇일까?'를 생각해 보게 하는 아름다운 영화이다.

어떻게 살아야 이런 우정을 만들 수 있을까? 어떤 사람을 만나야 이런 우정이 될까?

아마도 선조로부터 씨를 뿌려 복을 내리지 않으면 쉽게 얻어지는 관계는 아닐 것 같다.

어떤 이가 내 주위엔 왜, 꼭~ 그런 사람만 있냐며 나는 인덕이 없다면서 상대를 탓하기도 한다. 하지만 이것은 인정하기 싫어도 에너지 끌어당김의 법칙에 의하면 내 모습과 내 수준을 말해 주는 것이다.

약속을 잘 안 지키고, 거짓말을 하고, 자기가 한 말도 잊어버리고 사과도 안 하고, 톡에 답장도 안 하는 등, 자신보다는 조금 기운이 큰 사람들이 와서 내 모습과 내 수준을 보여 주는 선생 역할을 하는 것이다.

그러니 지금부터 받아들이고 이런 우정, 지금 나부터 시작하면 되지 않을까?

믿어 주고 기다려 주고 인정해 주면서 적당히 모른 척, 적당히 못 본 척, 그렇게 말이다.

나는 바른 사람이거나 옳은 사람이 아님에도 직업상 상담이나 코칭 시 바른말, 옳은 말을 해야 할 때가 있다. 사람들은 바른말, 옳은 말 하는 사람을 좋아하는 게 아니다. 내 말을 들어 주며 공감해 주고 지지해 주는 내 편들이 필요해서 사람들을 만난다.

내 직업을 떠나서 편하게 만날 수 있는 자연스러운 만남 중 한 그룹이 새벽 수영장에서 만나는 아줌마, 아저씨들이다.

그분들과의 사이에선 내가 현대아파트에서 산다고 '현대아파트 경자 씨'라고 부른다. 어느새 '현경'이라는(우리 동네 중국집 이름이 현경) 별칭이 되어 웃기기는 하지만 그것도 나쁘진 않다. 이렇게 조금씩 조금씩 정성으로 쌓아가는 관계의 비밀들이 축적되어서 토니와 셜리처럼 그런 우정도 만날 수 있지 않을까? 기대해 본다.

이 영화의 또 하나의 보너스는 클래식과 재즈 음악이 귀를 즐겁게 해 준다.

특히 클래식만 연주하던 셜리가 흑인 식당에서는 재즈로 연주할 때 신나는 장면은 가슴 시원해지며 힐링과 치유까지 된다.

Part 4

✦독립의 이름으로

 감독: 로만 폴란스키/프랑스, 독일, 폴란드, 영국, 네덜란드/148분/2003년
주연: 애드리안 브로디, 토마스 크레치만

19 피아니스트

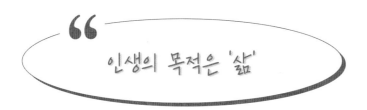

인생의 목적은 '삶'

시네마 테라피 영화 선별 중 100선에 들어가는 매우 우수한 작품이다.

전쟁으로 인생을 다 통제받고 그 환경을 온몸으로 고스란히 받아 내며 목숨 걸고 무엇을 했던 것이 아닌 어떻게든 살아남기 위한 처절한 몸부림으로 온 힘을 다해 살아남은 슈필만(슈만)의 실화이다.

2차 세계 대전으로 폴란드계 유대인 피아니스트 슈필만은 폴란드 라디오 방송국에서 피아노 연주를 하던 중 독일의 폭격을 받는다.

영국과 프랑스가 손을 잡고 나치에 선전 포고를 했기에 더 이상 폴란드는 혼자가 아닐 것이라는 기대와 달리 영국은 아무런 지원도 하지 않은 채 17일 만에 폴란드는 독일에 점령당하고 만다(1939년 바르샤바).

독일이 썼던 유대인의 차별 정책으로 표식 완장까지 차는 것은 물론 그외 여러 자행으로 인간의 존엄성을 다 박탈당한 슈필만과 가족들은 독일군의 횡포에 저항조차 할 수 없는 극한 환경 속에서도 희망을 잃지 않고 일한다. 하지만 수용소로 강제 이동을 하던 도중 슈필만은 사랑하는 가족을 모두 잃고 홀로 수용소 게토에 남아 몸이 부서져라 일을 한다. 실수라도 하는 날에는 죽을 만큼 매를 맞고 언제 죽을지도 모르는 상황 속에서 슈필만이 할 수 있는 일은 아무것도 없다. 동료의 도움으로 그곳을 탈출하고 옛 동료의 집에 찾아가지만 그곳도 안전하지 않아 다시 도망친다. 굶주림과 탈진으로 쓸개에 염증까지 생겨 죽을 고비를 겪으며 슈필만은 독일군의 눈을 피해 도망자 신세가 된다. 꿈도 희망도 없고 그저 어떻게 하든지 살아남기 위해 먹을 것을 찾던 중 폐허가 된 건물 안에서 피클 캔을 발견 후 캔을 따던 중 그곳에 있던 독일 장교에게 들키게 된다.

숨 막히는 장면이다. 여태 그 고생을 하며 여기까지 왔는데 하필 독일 장교 앞으로 그 캔이 굴러간다.

독일 장교는 슈필만에게 "너는 누구냐? 여기서 무엇을 하느냐? 여기서 사느냐? 무슨 일을 하느냐?"라고 묻고 슈필만은 "저는 피아니스트였습니다."라고 대답한다.

마침 그 건물 안에 있던 피아노 앞에서 장교는 슈필만을 불러서 연주를 해 보라고 한다.

영화 〈피아니스트〉의 명장면이다.

슈필만은 독일 대령(호젠필드) 앞에서 온몸으로 쇼팽의 〈발라드 1번 Gm〉을 연주한다.

전쟁으로 건물은 다 부서졌고 두려움과 삶의 고통으로 가득한 건물 한가운데서 슈필만의 피아노 연주는 전쟁으로 인한 비통, 애통함으로 죽어 간 영혼까지도 위로 하는 듯 그 공간에 피아노 선율과 빛으로 충만하게 흐른다.

건반 위에서 펼쳐지는 현란한 손동작의 슈필만의 연주는 독일 장교의 물음에 대한 고백 같았다.

"너는 누구냐? 여기서 무엇을 하느냐?"

도대체 인간은 고통을 어디까지 버틸 수 있을까?

기본 욕구에서부터 수많은 감정까지 말이다.

인지 심리학에서는 인간은 이기적이어서 어떤 고통도 감수할 수 있다고 한다.

《빅터 프랭클의 죽음의 수용소에서》 책에서는 "왜 살아야 하는지의 의미 (Meaning)를 아는 사람은 더 큰 시련과 어려움을 견딜 수 있다."라고 말한다.

인간은 극한 상황에서도 스스로 의미를 찾고 만들어 낼 수 있다. 그런 사람은 극한 환경에서도 살아남을 수 있는 힘이 있다. 이 자유는 누구도 침해하거나 빼앗을 수 없다는 것이다. 그 의미(Meaning)라는 것은 '주어진 상황 속에서 자신의 태도를 취할 수 있는 자유'이다.

즉, 조건으로부터의 자유가 아니라 그 조건에 대해 취할 수 있는 자유를 말하고 있다.

그렇다면 우리 삶의 의미는 무엇일까를 생각해 본다.

물질 만능 시대에 타인들과 나를 비교하여 상대적 박탈감을 느끼거나 이 세상 기준의 잣대로만 보는 의미가 아닌 진정한 의미로 보는 '나'는 나이고 나의 삶은 어디에도 비교할 수 없는 절대적 가치의 삶이다.

그래서 인생의 의미와 목적은 '삶'이다.

삶은 수단이 아니라 목적이다. 꿈이 없어도 괜찮고 돈이 없어도 괜찮고 몸이 아파도, 실패와 좌절을 해도 괜찮다.

무엇을 해야만, 업적을 일궈야만 의미 있고 성공한 삶이 아니다. 그저 그 자체, 나의 삶이 목적이기에…. 그래서 생명이 귀하고 사람이 귀한 것이다.

이렇게 큰 목적을 갖고 이 땅에 온 우리는 어마어마한 별들이기에 그렇다.

슈필만은 전쟁 전에 잘나가던 피아니스트였고 폴란드계 유대인 집안에서 태어난 지적이고, 경제적인 부분으로도 남부럽지 않은 예술가였다.

슈필만은 알았을 것이다.

언제 끝날지 모르는 전쟁의 두려움과 불안 속에서 어떤 가치와 이념, 철학과는 전혀 상관없이 그저 살아 내야만 하는 것이 삶의 의미와 목적이라는 것을….

"I AM THAT"

3·1 만세운동 이후 1년

우리가 몰랐던 이야기

항거
유관순 이야기

고아성 김새벽 김예은 정하담 류경수 각본·감독 조민호

2019.02.27

감독: 조민호/한국/105분/2019년
주연: 고아성, 김새벽, 김예은, 정하담, 류경수

20 항거

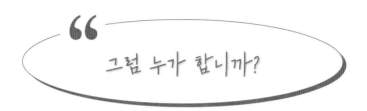

"

그럼 누가 합니까?

1919년 3월 1일 만세 사건 후 천안 병천 아우내 장터에서 만세를 부르다가 잡혀 투옥된 17살에 어린 관순은 서울 서대문 교도소에서 목숨을 다했다.

"정당한 일을 하면 하나님이 도와주실 줄 알았어요."라며 투옥되어 흐느끼는 관순의 말 속에서 뼈아픔이 묻어 나온다.

정의로 만세를 불렀다는 관순의 고백과 고문을 받다가 쓰러져 있는 관순에게 밥을 가져다주는 사람이 다가와 안타까운 목소리로 "왜 그렇게까지 하는 거요?"라는 질문에 조용하면서도 깊게 "그럼, 누가 합니까?"라는 말이 뭉클했다.

"사람이 선한 일을 하다가 낙심하지 말지니 때가 이르매 이루시리라(갈 6:9)."라는 성경 말씀이 생각난다.

1919년, 만세 운동 에너지는 잠들어 있는 우리 민족의 혼을 뒤흔들었으나 만세 사건 후 해방이 되기까지는 약 26년이나 족히 걸렸다.

학교 다니며 우리나라 역사 중 3.1 운동과 관련해 교과서에서 외울 때 1919년 만세 운동, 1945년 8.15 해방, 그냥 그런 줄만 알았다. 만세 운동 후 해방이 되기까지 26년의 시간이 흐르는 동안 우리 민족의 절실한 아픔과 마음까지 헤아리질 못했었다. 영원히 지속될 것만 같은 아득함과 답답한 식민지 생활 속에서 얼마나 지루하고 힘들었을까?

"분명 만세 운동은 정당한 일인데⋯. 하나님은 왜 우리를 안 도우시지?"라고 왜 생각지 않았을까? 그때마다 느끼는 좌절과 불안과 외로움으로 얼마나 실망했을지도 헤아려진다.

자국어도 못 쓰게 함은 물론 농사지은 곡물까지 좋은 것은 태반 일본으로 다 가지고 가고 그중 더 기가 막힌 것은 조선의 문화와 예술품들 중 아직까지도 일본에 남아 있을 정도로 안타까운 현실 속에 그 당시 의식이 있었던 우리의 선조들은 목숨 걸고 만주로, 중국으로, 해외로, 의병이 되고 독립투사가 되어 있는 힘을 다했던 역사가 있었기에 오늘날 우리와 우리 후손들을 볼 수 있게 된 조선인인 것이 자랑스럽고 가슴 뭉클하다.

교도소 보안과장이 하는 말, "조선이 어떻게 망했는지 아는가? 나태와 분열이다. 서로를 모함하고 싸우다가 결국 자포자기한다."라는 대사가 나온다.

지금의 우리와 우리 자녀들은 꿈을 꾼다.
"○○ 대학에 들어가고 싶어요."
"변호사가 되고 싶어요."
"그림 작가가 되고 싶어요."
"연봉 1억을 받고 싶어요."
저마다 크고 작은 꿈들로 희망에 부풀어 사는 것, 대가만 치르면 얼마든지 가능한 세상을 물려받았다.

그런데 우리 집은 아버지 술 때문에 꿈은 고사하고 집안일이 안 된다는 것이다.

"우리 엄마 때문에, 돈 때문에, 내가 학벌이 없어서…."라며 꿈을 마치 사치스럽게 생각하고 핑계에 숨고 합리화로 가리며 안 되는 이유 등을 상대들에게 탓하는 한, 독립된 조선에서 살고 있으나 독립 안 된 식민지다.

꿈이 없으면 어떠랴! 꿈의 내용을 말하고자 함이 아니라 이 땅에 부모로부터 생명으로 이어받은 내가, 비록 부자는 아니더라도 큰 능력은 없을지라도 이 생명 자손에게 이어지며 '착하게 사는 꿈, 온 가족이 책 읽으며 사는 꿈, 선행을 베풀며 사는 꿈, 기도하며 기도해 주며 사는 꿈, 노래하며 사는 꿈' 이런 꿈들을 꿔 본다. 당장 안 된다면 지금 내가 꿈꾸고 밭을 일궈 자식 대에 꽃 피워 손자 때에 열매 맺는 120년의 꿈 말이다.

고문받고 쓰러져 있는 어린 관순의 말에 여운이 아직도 흐른다.

"왜 그렇게까지 하는 거요?"
"그럼, 누가 합니까?"

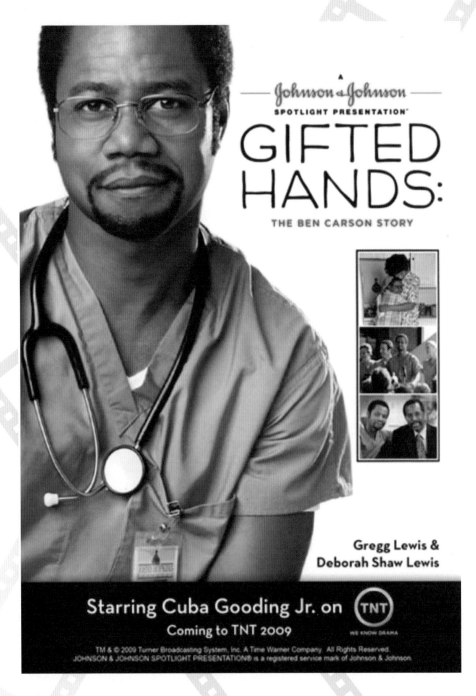

GIFTED HANDS: THE BEN CARSON STORY

감독: 토마스 카터/미국/90분/2009년
주연: 쿠바 구딩 주니어, 킴벌리 엘리스, 언자누 엘리스, 제이슨 피셔, 구스 호프만,
데니 골드링

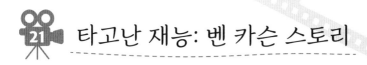

타고난 재능: 벤 카슨 스토리

> 세계 최초 샴쌍둥이 분리 수술
> 넌 할 수 있어. 네 안에 온 세상이 있어.

세계 최초 샴쌍둥이 분리 수술에 성공한 천재 의사 벤 카슨의 이야기를 다룬 실화이다.

벤 카슨은 불우한 환경 속에서 인종 차별을 당하며 학교에서도 열등생이었으나 엄마의 정성과 열정으로 환경을 극복하여 중학교 3학년 때부터는 전교 1등을 하고 예일대에 장학생으로 입학할 정도로 우수한 인재가 된다.
2명을 뽑는 존스홉킨스병원의 신경외과 레지던트 자리에 합격한 후 끈질기게 노력하여 실력을 쌓아 결국 'Gifted Hands'라는 별명을 얻게 된다.

벤의 엄마 소냐는 고아원에서 13살에 나와 어린 나이에 결혼하고 아들 2명을 낳고 남편 없이 청소부 일을 하며 생업을 이어 갔다. 남편과 현실 속에서 받은 상처와 아픔이 있음에도 아이들에게는 끊임없는 칭찬과 격려로 일관했다.
벤이 샴쌍둥이 분리 수술을 앞두고 염려할 때 "넌 할 수 있어. 네 안에 온 세상이 있어. 눈에 보이는 그 이상을 보면 돼."라며 격려의 말을 아끼지 않는다.

벤도 처음부터 뛰어난 사람은 아니었다. 어린 시절 수업도 제대로 따라가지 못했던 벤이 "엄마, 난 멍청해요"라고 말할 때 "너는 노력을 안 했을 뿐이야."라며 끊임없는 격려와 용기로, 때론 단호함으로 엄마의 억척스러운 교육열과 사랑이 녹여 낸 작품이다. 엄마 소냐는 어린 시절 자신이 똑똑하지 못했다고 생각했고 자신의 상처가 아이들에게 영향으로 끼쳐질까 봐무료 심리상담소를 찾아가서 자발적 치료를 받는 모습도 뭉클했다.

의사가 된 벤 카슨은 1987년 존스홉킨스대학의 마취과, 심장 전문의, 성형외과, 신경외과 등 75명이 넘는 팀을 구성하고 정밀한 조율로 시뮬레이션까지 돌린 후 22시간의 수술 끝에 세계 최초 샴쌍둥이 분리 수술에 성공한다.
자신이 무슨 일을 해야 하는지, 왜 해야 하는지, 어떻게 해야 하는지, 오롯이 생명을 위한 진심의 마음으로 일을 하니 자신 안에 답이 다 있다는 것을 알고 있었다.

엄마 소냐는 벤 안에 있는 열정과 확신을 끌어내 준 사람이다. 이미 엄마 소냐로부터 시작된 타고난 재능이다.

우리는 가끔씩 남들과 비교해서 '나는 타고난 재능이 없다. 나는 가난하다. 나는 무능하다. 나는⋯.'이라며 우리 안에 재능들을 덮어 버린다. 그러나 하늘은 우리에게 잘 수 있는 부분들을 주셨다. 이 땅에 올 때 저마다타고난 소질과 재능을 주셨다. 우리의 욕심으로, 비교 의식으로, 못 보고있을 뿐이다.

이 영화의 제목도 '탁월한 재능'이 아니라 '타고난 재능'이다.

재능의 크고 작음의 문제가 아닌 '나'이기에 할 수 있는 것들이 타고난 재능들이다.

하버드대학교의 하워드 가드너는 인간의 지능을 9가지 영역으로 나눠서 말하고 있다.

이 지능을 재능으로 연결시키는 창의적 교육 학습을 말하고 있는 심리학자이다.

수학 개념에 대한 이해와 언어 구사의 능력과 더불어 몸으로 잘 표현하는 운동 등을 잘하는 것을 포함해서 성실하고 꾸준히 노력하는 것, 잘 참는 것, 용서를 잘 해 주는 것과 남의 마음을 잘 이해하고 받아주는 것, 동·식물을 잘 보살피는 것 등도 나만의 재능이다.

또한 공간에 대한 재능으로 운전을 잘하고 상황 판단을 속히 하고 예측을 잘 하며 일 처리에 능한 것도 재능에 속한다. 종교와 영성에 관심 있는 것과 자신에 대한 수용과 이해도 재능에 속하며 유머가 있고 함께 일하는 것에 의미를 두는 것과 음악 이해와 감상까지도 재능이 아닌 것이 없다.

이 시대, 이 환경, 이 현실 속에서 어울리는 사람들과 내게 부여하신 성품과 성질을 잘 나타나게 하는 것, 이것이 타고난 재능이다.

또한 내게 있는 재능과 개념이 잘 연결되고 그것이 경험될 때 능력은 확장되는 것이다.

이 영화는 내게 있는 타고난 재능은 무엇이며 삶을 통해 진짜로 원하는 것과 어떻게 살고 싶은지가 연결될 때 나타나는 것을 벤 카슨을 통해 우리에게 빛으로 보여 준다.

하워드 가드너의 책《지능교육 넘어 마음교육》도 함께 참고해 보길 바란다.

하워드 가드너의 《지능교육을 넘어 마음교육》

나는 수십 년 동안 심리학 연구자로서 인간의 마음을 고찰해 왔다. 마음이 어떻게 발달하고, 어떻게 구상되어 있으며, 최대한 확장되면 어떤 모습이 되는지를 연구해 왔다. 또한 사람들이 다른 사람의 마음이나 자신의 마음을 어떻게 학습하고, 어떻게 창조하며, 어떻게 지도하고, 어떻게 변화하는지를 연구해 왔다. 나는 주로 마음의 일반적인 작용을 설명하는 일에 만족해 왔는데, 사실 이것만 해도 상당히 벅찬 일이었다. 그러나 때로는 우리가 우리의 마음을 어떻게 사용해야 하는지에 대한 의견을 개진하기도 했다.

이 책에서 다룰 다섯 주인공은 각각의 역사적으로 중요했고, 미래에는 훨씬 더 중요해질 것이다. 이제부터 내가 '마음 기능'이라고 부를 능력들을 갖춘다면, 예상할 수 있는 미래뿐만 아니라 예상할 수 없는 미래에도 성공적으로 대처할 수 있을 것이다. 반면에 이 마음 기능을 갖추지 못한 사람은 우리가 통제할 수도 이해할 수도 없는 힘들게 지배당하게 될 것이다.

1. 훈련된 마음(Disciplined mind)

최소한 한 종류의 사고방식, 즉 하나의 특수한 학문 분야나 기능직 혹은 전문직의 특징이라고 할 수 있는 그 분야의 독특한 인지 양식을 완전히 정복한 마음이다. 각종 연구로 확인된 바에 따르면, 한 학문 분야를 정복하기까지는 10년이 걸린다고 한다. 또한 훈련된 마음은 기술과 이해를 증진 시키려면 오랜 시간 동안 꾸준히 노력해야 한다는 것을 아는 마음이다. 속된 말로 '군기가 잘 잡힌(Highly disciplined)' 마음이다. 최소한 한 분야에서 전문성을 갖추지 못한 개인은 남의 장단에 춤을 추는 운명이 된다.

2. 종합하는 마음(Synthesizing mind)

다양한 출처에서 정보를 취하고, 그 정보를 객관적으로 이해하고 평가하며, 이를 당사자와 다른 사람들이 이해할 수 있는 방법으로 결합하는 마음이다. 종합하는 능력은 과거에도 가치가 있었지만, 정보량이 무서운 속도로 계속 증가하고 있는 오늘날에는 더욱 중요해졌다.

3. 창조하는 마음(Creating mind)

훈련된 마음과 종합하는 마음을 토대로 새로운 영역을 개척하는 마음이다. 창조하는 마음은 새로운 아이디어를 만들고, 익숙하지 않은 질문을 제기하며, 새로운 사고방식을 만들고, 예상치 못한 해결책을 도출해 낸다. 결국 이 창조물들은 반드시 지적인 소비자들의 인정을 받는다. 창조하는 마음은 아직 규칙의 지배를 받지 않는 영역에 기반하고 있기 때문에, 가장 발달한 컴퓨터나 로봇보다 적어도 한 걸음 이상 앞서기 위해 노력한다.

4. 존중하는 마음(Respectful mind)

오늘날 사람들이 더 이상 자신이나 가정의 틀 안에 안주할 수 없다는 것을 알고, 그래서 개인 및 집단 간의 차이를 인식하고 환영하며, '타인'을 이해하려고 노력하고, 그들과 능률적으로 일하기를 원하는 마음이다. 모든 사람이 상호 연결되어 있는 세계에서 편협과 무례함은 더 이상 통용되지 않는다.

5. 윤리적인 마음(Ethical mind)

존중하는 마음보다 한 단계 더 추상적인 차원에 있다. 윤리적인 마음은 노동의 본질을 숙고하고, 우리 사회가 무엇을 필요로 하고 무엇을 원하는지를 깊이 생각하는 마음이다. 윤리적인 마음은 직원들이 어떻게 개인 이익보다 더 큰 목적에 봉사할 수 있는지, 어떻게 시민들이 전체의 운명을 향상시키기 위해 이타적으로 일

할 수 있는지를 개념화한 것이다. 그런 뒤 윤리적인 마음은 이러한 분석에 기초하며 작용한다.

  소개한 다섯 가지 마음 기능은 오늘날 현대 사회에서 특별히 중요할 뿐만 아니라 미래에는 훨씬 더 중요해질 기능들이다. 이 기능들은 인지의 스펙트럼과 인간의 사업에 모두 걸쳐 있으며, 그런 의미에서 포괄적이고 보편적이다.

하워드 가드너, 김한영 옮김, 《지능교육 넘어 마음교육(사회평론: 2017)》,
23, 25, 26, 27P

행복은 나눌수록 커지잖아요

송강호 이선균 조여정 최우식 박소담 장혜진

2019 봉준호 감독 작품 | 5월 30일 대개봉

 감독: 봉준호/한국/131분/2019년
주연: 송강호, 이선균, 조여정

> 아들아, 너는 계획이 다 있구나!
> 나는 무계획이 계획이다.

〈기생충〉은 한국 최초로 아카데미 시상식 황금종려상을 받은 봉준호 감독의 작품이다.

2019년 발생한 코로나19 때문에 개봉관에서는 거리 두기 제한으로 마음을 졸이며 봤다.

이 영화는 불편해도 어쩔 수 없는 자본주의 속에서 인간의 삶을 수직적 관계로 정확히 제시하는 삶의 계급에 대한 이야기이다.

디테일하면서도 보는 이로 하여금 불편함을 자극하는 블랙 코미디 장르로 웃음 뒤에 오는 쓸쓸한 메시지가 있다.

이 세상에는 분명 보이지 않는 차이가 있다.

신분, 경제, 지식, 환경, 재능 등 태어날 때부터 금수저, 흙수저가 존재한다.

인정하기 싫고 외면하고 싶지만 엄연한 현실을 배우며 지혜를 더한다.

등장인물들의 내면에 있는 수치심과 열등감과 무기력, 그것이 현실로 나타나는 가난과 거짓말, 냄새, 아슬아슬하며 염치없는 행동들이 이를 말하고 있다.

　김 기사 가족은 자신들에게 일자리를 제공한 박 사장네 가족을 '순진'하다고 비아냥거리며 자신들은 마치 영리한 듯 말을 한다.
　또한 가족끼리 작당해서 일하던 가정부를 내쫓고 그 자리를 차지한다.

　비 오는 날 박 사장네 가족은 캠핑을 가고, 아무도 없는 박 사장네 집을 김 기사네 식구들이 점령한다. 이들은 마치 자신들의 집인 것처럼 방종된 행동을 한다.
　이때, 쫓겨났던 가정부가 지하실에 있는 자신의 짐을 찾으러 오며 김 기사네 가족과 쫓겨난 가정부의 만남이 시작된다.
　지하실에 두고 갔다는 짐은 아줌마의 남편 문광이었고, 더욱이 그는 그곳에서 4년 3개월 17일을 있었고, 아기처럼 우유병에 우유를 담아 빨아 먹는 등 충격적인 모습을 보인다. 김 기사 아내(현재 일하는 아줌마)는 이 약점을 빌미로 박 사장 사모님한테 전화를 하겠다는 협박을 하고 그것을 몰래 숨어 지켜보던 김 기사 식구들이 지하 계단에서 미끄러지는 바람에 문광 아내에게 가족 관계를 다 들키고 만다.
　이때부터 김 기사 가족과 문광 가족은 서로 물고 뜯으며 온 목숨을 다해 싸우는 장면이 기가 막힌다. 마치 주인 밥상에서 떨어진 부스러기에 목숨거는 짐승 같아서 안타까웠다.
　문광 남편은 마치 자신은 지하실에서 태어나고 결혼한 것처럼, 밥을 가져다주는 사람이 있고 노후에 부부는 국민연금 없이도 정으로 살면 된다는 대책 없는 말을 한다.

　이 영화는 물과 비를 통해 상징하는 바가 크다.

장마는 높은 데 사는 박 사장네 가족에겐 청량하고 상쾌함을 더하며, 이들은 비가 내린 뒤 맑은 아침 공기에 눈을 뜬다.

낮은 지역에 사는 사람들은 곧바로 수재민이 되어 체육관에서 잠을 자야 하는 것이 자본주의의 현실이다.

수재민이 된 김 기사 식구들이 체육관에서 잠을 잘 때 기우가 아버지에게 묻는다.

"아버지, 계획이 뭐예요?"

"무계획이 계획이다."

계획은 이루어지지 않기 때문에 차라리 계획을 세우지 않는 무계획이 계획이라는 것. 무기력의 총체를 다룬다.

박 사장네 가족이 김 기사네 가족의 냄새를 말하는 장면이 나온다.

"냄새가 선을 넘지, 냄새가~~"

김 기사는 다송이의 생일에 냄새 때문에 코를 막고 자신에게 모욕적인 행동을 하는 박 사장을 살해하고 박 사장네 집 지하실로 숨어든다.

영화에서 '냄새'를 통해 주는 선을 넘는 메시지가 중요하다.

관계 속에서 이 선을 넘는 부분을 생각하지 않을 수 없다.

대체로 미련한 사람일수록 이 거리를 못 지킨다. 함부로 말하고 함부로 행동하고 함부로 남의 물건에 손을 댄다.

이 세상은 그 선들을 넘지 말라고 보이지 않는 선으로 정확히 금을 그어 났다.

돈으로, 음식으로, 인간관계로, 장소로, 문화와 인격과 매너, 심지어 냄새까지도 그렇다. 선을 넘는 행동을 하게 되면 욕을 먹거나 스스로 수치심을 느끼는 감정의 손해를 보며 비용 지출을 해야 한다.

호기심이어도 나와 다른 지역이나 잘 모르는 단체, 모임 등에 갈 때는 정말 조심하며 선을 넘지 않도록 해야 한다.

그 분위기를 내가 맞출 자신이 없을 때는 생각을 한번 해 봐야 한다. 안 그러면 그들의 말이나 행동으로 나를 할퀼 수 있고 이때 감당해야 할 몫은 아무 생각 없이 간 내 쪽일 수 있다. 그 선이 마이너스이든지 플러스이든지 그렇다.

상대들의 선을 인정해 주는 공손과 지혜가 필요하다.

시간이 지난 후 박 사장네 집에는 다른 외국인이 이사를 왔고 계단을 비추는 조명등의 작동 속도를 감지해 아들 기택이 모스 부호를 풀어 보니 아버지가 그 집 지하에서 있다는 것을 알게 되고 아버지에게 편지를 쓴다. "아버지, 저는 돈을 아주 많이 벌어서 이 집부터 사고 아버지를 꼭 다시 모시겠습니다. 아버지는 그냥 계단만 올라오시면 됩니다."라고.

하지만 기우는 아버지를 모신다는 생각만 한다. 생각 속에서 일을 하고 생각 속에서 돈을 벌고 생각 속에서 집을 사고…. 아무것도 이뤄지지 않는 생각이 마치 이뤄진 듯한 장면을 보여 주며 영화는 이렇게 끝을 맺는다.

영화 〈기생충〉은 자본주의, 특히 한국 사회 속에서 생각의 무기력을 총체적으로 다루는 양질의 영화이다.

"헛된 것을 마음에 품었나이다"

목사와 그의 아내 위험에 빠지다

기도하는 남자

박혁권 류현경 남기애 · 각본 강동헌 · 촬영 스튜디오 호호 · 영화사 연 · 포스트 걸리버픽처스 스튜디오 mux (주)센티메탈 인서비스영화산업

2021.03.24

감독: 강동헌/한국/95분/2020년
주연: 박혁권, 류현경, 남기애

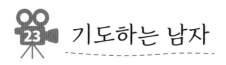

기도하는 남자

> 우리를 시험에 들게 하지 마옵시고
> 다만 악에서 구하옵소서.

이 영화는 기독교 영화는 아니다. 다만 주인공 태욱의 직업이 목사일 뿐이다. 인간이 갖고 있는 내면의 이중성과 신념, 선택들을 다룰 때 돈의 영향이 얼마나 중요한지를 알려 주는 영화이다.

주인공 태욱은 교인이 5명 남짓한 개척 교회의 목사이다. 그는 늘 경제적으로 곤란하며 아내와 아이들마저 장모님 댁에서 지내야 하는 것이 그의 현실이다. 청년 시절의 그는 이 사회와 현실 교회의 비리 앞에서 나름 정의롭고 힘 있게 외치는 신념 있는 신학생이었다. 그랬던 그가 운영하는 개척 교회와 경제적 현실의 문제는 만만치 않았다.

그러다 장모님이 간 이식 수술에 들어갈 비용 오천만 원이 필요하다는 말에 태욱 부부는 온갖 노력을 다하지만 쉽지 않고 최선을 다할 때마다 선택하는 행동은 목회의 신념보다는 현실의 한계에 눌리고 그것은 목사이기 이전에 인간의 이중성인 극악한 복수와 분노와 결핍으로 이어진다. 보는 내내 불편하고 안타까운 마음이었다.

결국에는 장모님이 교통사고를 당해 돌아가시고 장모님이 그동안 들어 놓았던 보험금을 받아서 건축한 번듯한 교회 강대상에서 설교하는 태욱의 모습이 나온다. 예전 초췌하고 건조한 개척 교회의 목사 모습이 아닌 깔끔한 복장과 기름기 흐르는 목사의 모습으로 나오지만 오히려 비참해 보인다.

영화 엔딩 부분에 태욱은 심한 구토를 하며 영화는 끝이 난다.
태욱이 구토하는 장면이 없었더라면 허전했을 것 같다.
'태욱은 왜 구토를 했을까? 그동안 자신이 선택하며 했던 행동들에 대한 후회와 반성으로 구토했나?'라는 생각도 해 보았다.

성경에 예수께서 공생애를 시작하시기 전 40일을 금식하신 후 사탄에게 3가지 시험을 받는데
첫 번째로 사탄이 예수에게 와서 "네가 진짜 하나님의 아들이라면 이 돌들을 명하여 떡으로 만들어 먹으라."라고 말하자 "사람이 떡으로만 살 것이 아니라 하나님의 말씀으로 살 것이니라."라며 사탄을 물리친다.
사람은 자신의 먹고사는 것을 해결하는 것이 하나님의 말씀으로 사는 것이라는 것을 말하고 있다.
사람이 되는 첫 번째 기본 능력, 즉 경제적 능력을 말한다. 경제적 독립이 인간의 독립이며 자신을 책임지는 것이다.

자신이 선택한 신념과 이념과 철학이 아무리 탄탄하고 훌륭해도 경제가 받침이 안 된 상태에서는 미성숙한 인간이다. 목회를 하든지, 예술을 하든지, 철학을 하든지, 과학을 하든지, 다 좋다. 그러나 경제적으로 나와 가정을 책임지지 못할 때는 내 신념이 언제든 흔들릴 수밖에 없고, 오히려 인간

내면의 이중성의 분열을 가져올 수 있다는 것을 보여 주는 좋은 영화이다.

30대 이후, 혹은 실질적인 경제적인 소득이 있어야 할 사람들을 코칭할 때 가끔 듣는 이야기가 있다.

"나는 돈 같은 건 상관없어요."

"그렇군요~ 그런데 그렇게 말할 수 있는 사람은 우리나라에서 2%밖에 안 되는데 어쩌지요?"

경제적으로 스트레스를 받게 되면 생각이 한 방향으로 몰입하게 하고 편향적으로 되며 넓게 사고를 못 한다.

신념을 먼저 세울 것이 아니라 기초가 되는 경제적, 정신적, 신체적 틀을 만들어 놓는 작업부터 해야 하지 않을까 한다.

이런 틀을 세운 사람들은 돈 때문에 신념이 흔들리거나 돈의 유혹에 분열되고 흔들리지 않는다. 자신 안에 있는 양심의 빛들이 말을 해 주기 때문이다.

이 일은 해야 할 일인지, 하지 말아야 할 일인지 분명하고 자명하게 구별이 되므로 그렇다. 이것이 진짜 신앙(信仰)이고 진짜 도(道)이다.

센딜 멀레이너선, 엘다 샤퍼의 《결핍의 경제학》

결핍은 우리 정신을 사로잡는다.

배고픈 사람에게 그 필요성은 허기를 달래 줄 음식이고 바쁜 사람에게는 그 일을 빨리 끝낼 필요가 있는 어떤 프로젝트이다. 돈에 쪼들리는 사람에게는 돈이고 외로운 사람에게는 그 필요성은 함께 나눌 동반자이다. 결핍은 어떤 것을 매우 적게 소유할 때의 불쾌함만 초래하는 것이 아니라 그 이상을 초래한다. 결핍은 사람의 사고의 방식을 바꾸어 놓는다. 결핍은 사람의 정신에 스스로를 무겁게 짐 지운다.

결핍이 정신을 사로잡으면 사람은 좀 더 엄밀해지고 능률적으로 된다. 일상에서 집중하기가 힘들어지는 상황은 흔히 일어난다. 사람들은 정신이 자꾸만 분산되기 때문에 일을 할 때 꾸물거린다.

또 마트에 가서 정신을 딴 데 팔다가 가격이 지나치게 비싼 물건을 구매하기도 한다. 마감 시한이 촉박하거나 돈에 쪼들릴 때는 당장 급한 일부터 처리한다. 정신을 단단히 집중하고 있을 때는 부주의한 실수는 잘 저지르지 않는다. 요컨대 "결핍이 사람의 정신을 사로잡는 이유는 결핍은 주의를 기울일 가치가 있을 만큼 중요한 상태이기 때문이다."라고 정리할 수 있다.

그러나 사람은 자기 정신이 언제 단단하게 집중하도록 할지 온전하게 스스로 선택할 수 없다. 일을 하려고 자리를 잡을 때뿐만 아니라 집에서 아이들이 숙제하는 걸 도와주려고 할 때조차도 급하게 해결해야 하는 어떤 일을 자기도 모르게 생각하게 된다. 사람이 집중하는 데 도움을 주는 이런 자동적인 정신의 사로잡힘 현상은 평생 짊어지고 가야 하는 짐이다. 우리의 정신은 결핍에 이미 점령되어 있어 결핍으로 회귀한다.

다시 말해서 통찰력이 부족하게 하고 미래를 내다보는 생각을 하지 않고 또 조절을 잘 하지 못하는 사람을 만든다는 사실을 확인할 수 있다.

  결핍은 우리의 정신과 주의력을 사로잡으며 결핍이 제공하는 편익, 즉 절박한 필요성을 좀 더 잘 제어한다는 것에 협소하다는 점이다. 그런데 우리가 치러야 하는 결핍의 대가는 매우 크다. 당연히 관심을 기울여야 할 다른 일들을 무시하게 되고, 일상생활을 할 때도 훨씬 효율적이지 못한 생활을 하기 때문이다.

  결핍은 갚지도 못할 정도로 많은 돈을 빌리게 만들거나 필요한 투자를 하지 못하게 만드는 데 그치지 않는다. 결핍은 삶의 다른 측면에서 우리에게 불리한 조건을 덧씌운다. 결핍은 우리를 멍청이로 만들고, 우리를 좀 더 충동적으로 만든다. 결핍은 우리로 하여금 좀 더 적은 정신 능력을 가지고서, 좀 더 낮은 유동성 지능을 가지고서, 그리고 좀 더 위축된 실행제어 능력을 가지고서 살아가도록 만든다.

《결핍의 경제학》, 센딜 멀레이너선, 엘다 샤퍼, 이경식 옮김(RH코리아: 2014), 20, 31, 35, 129P

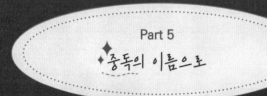

Part 5

◆중독의 이름으로

아카데미 수상
〈포레스트 검프〉
〈캐스트 어웨이〉 감독

덴젤 워싱턴

플 라 이 트

2월 28일 대개봉

감독: 로버트 저메스키/미국/138분/2013년
주연: 덴젤 워싱턴, 돈 치들, 켈리 라일리, 존 굿맨멜리사 레오

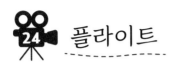

24 플라이트

중독 - 혹독한 대가

'마약', 이제 한국도 자유롭지 않은 게 현실이다. 어느 날 뉴스에서 고등 학생들 사이에서도 마약이 3만 원대부터 거래가 되고 있다는 말에 놀라지 않을 수 없었다.

마약 사범의 30%가 19세 이하라고 하니 참으로 안타까운 현실이 아닐 수 없다.

마약이 어떤 것인지 아무 지식도 없는 상태에서 호기심으로 한번 해 본 마약 투여가 인생 전체를 어떻게 망가뜨리는지를 넷플릭스에서도 친절하 게 보여 주고 있다.

마약 운반책 역할로 고액 알바를 하기도 하며(월 1천만 원의 수익을 보장 해 준다며) 나름 회사 내규도 갖고 운반책을 위한 트레이닝 과정까지 운영 한다는 어이없는 내용의 방송도 봤다(넷플릭스 〈블랙 2: 영혼파괴자들〉).

영화 〈플라이트〉의 주인공 휘태커는 유능한 비행 조종사이다.

휘태커는 동료 여자 승무원과 한 호텔에서 숙박을 하고, 휘태커만 당일 아침 비행 전에도 술을 마셨고 비행 중에도 오렌지 주스에 기내용 보드카 2병을 타서 마셨다.

승객 102명을 태우고 비행을 하던 중 비행기 결함의 문제로 죽음을 눈앞에 둔 위험한 상황 속에서 비행기를 뒤집는 탁월한 기술로 승무원 포함 96명을 살려 낸 휘태커는 가벼운 열상과 타박상 및 약간의 뇌진탕만 입는다. 그리고 정신을 차린 후 애인 트리나마케즈가 승객을 구하다가 죽었다는 것을 알게 된다.

빠른 회복 후 퇴원을 하고 집으로 돌아온 그는 집에 있는 온갖 술을 모두 버린다.

다음 날 휘태커를 찾아온 회사 노조위원장과 변호사는 휘태커가 총 96명을 살려 냈다 하더라도 6명의 죽음을 대해 제조사와 항공사, 그리고 조종사의 책임을 가려내는 청문회가 열릴 것을 대비해 휘태커에 대한 변호를 맡겠다는 것이다. 그들은 휘태커가 이미 정신을 잃고 병원으로 들어왔을 때 약물 반응 검사를 했고, 휘태커의 알코올 농도는 기준치를 넘는 0.24로 나왔다. 코카인 역시 12년까지 처벌이 가능한 중범죄라는 것이다.

휘태커는 집 안에 있는 모든 술까지 모두 버린 후였어도 감당하기 힘든 상황이 닥치니 그 전보다 더 많은 술을 먹기 시작한다.

휘태커는 비행 전날과 당일 술을 마셨고 정신을 차리려고 코카인도 했다. 하지만 그것이 사고의 원인은 아니었고 불가항력적인 일인 것도 알겠고 당일 사고에서 휘태커가 발휘한 능력으로 수많은 사람을 살려 냈다는 것도 알겠으나 술을 마신 이상 설득력이 없어지는 현실 앞에서 다시는 술을 마시지 않겠노라 변호사와 약속한 후 집에 돌아와 어김없이 또 술을 마시기 시작한다.

청문회만 잘 통과하면 휘태커는 아무 일 없이 잘 지나갈 것이라 생각하고 청문회 전날 경호 및 감시인까지 호텔 문 앞에 세워 두고 룸 안 냉장고에는 술이 없는 상태에서 지내지만, 휘태커 혼자 머물 때 우연히 옆 룸과 이어지는 문이 열려 그 룸으로 들어가게 된다.

　그리고 냉장고 안에 술이 가득 들어 있는 것을 보고 그때부터 이성을 잃은 휘태커는 걷잡을 수 없이 술을 마셔 버린다.

　다음 날 인사불성이 된 휘태커를 본 노조위원장과 변호사는 할 수 없이 정신을 차리게 하려고 급하게 코카인을 맞게 한 후 청문회장으로 휘태커를 데리고 들어간다.

　마지막 청문회장에서 비행기의 결함 부분이 인정되고, 휘태커의 공로는 박수를 받지만, 마지막 부분에서 질문 하나를 받는다.

　비행 전날 호텔에서 함께 술을 마시고 자고 다음 날 같이 비행했던 승무원인 트리나마케즈의 사진을 보여 주며 하는 질문이다.

　"비행 당일 기내 서비스가 제공되지 않았다. 하지만 보드카 빈 병 2개가 기내에서 나왔다. 죽은 트리나마케즈에게서도 알코올 양성 반응이 나왔는데 트리나마케즈가 보드카 2병을 마셨다고 생각하는가?"

　트리나마케즈에게 알코올 양성 반응이 나온 것은 보드카를 마신 것이 아닌, 비행 전날 자신과 호텔에서 술을 마시고 잤기 때문이라는 것을 아는 휘태커는 순간 죽을 것 같은 고통을 느끼며 물을 마시고 마음을 진정시키다가 이렇게 고백한다.

　"트리나마케즈는 보드카를 마시지 않았습니다. 보드카는 제가 마셨고 비행 4일 전부터 계속 술을 마셨고 지금도 취한 상태입니다. 저는 알코올 중독자입니다."

장면이 바뀌어 휘태커는 교도소 안에서 재소자들과 이야기를 나눈다.

"거짓말의 한계를 더 이상 할 수 없었어요. 한 번 더 거짓말을 했더라면 그 상황을 모면할 수 있었을 텐데…. 그러면 비행도 계속하고 헛된 자만심도 잃지 않고…. 난 대중을 기만했어요. 조종사 자격증도 취소되고 다시 비행할 일은 없겠지만 그것을 받아들였습니다. 시간이 많이 생겨 사랑하는 가족들을 잃은 사람들에게 편지를 쓰며 사과했습니다. 어떤 사람들은 날 끝까지 용서하지 않겠으나 어쨌든 술은 끊었습니다. 감방에 있는 사람이 할 소리는 아닌 것 같지만 난 태어나서 처음으로 자유를 얻었어요."

술을 끊은 지 1년이 되고 휘태커의 아들이 면회를 온다. 그리고 대학에 가기 위한 인터뷰 자료가 필요하다며 아빠에게 질문을 한다.

"아빠는 어떤 사람이에요?"

"아주 좋은 질문이구나."라고 휘태커가 답하며 영화는 끝이 난다.

나는 갱년기 증후군으로 몸과 마음이 수축되고 특히 밤에 잠을 못 자는 고통이 있었다. 정신적인 부분과 경제적인 문제라고만 생각하다가 너무 힘들어 병원에 갔더니 호르몬 밸런스가 심하게 무너졌다며 호르몬제와 수면제를 처방받고 한동안 수면제 덕분에 잠을 잤다. 하지만 그 후유증으로 낮에는 머리가 띵하고 눈알은 빠질 듯 아팠고 신경은 더욱더 날카로워지며 집중을 못 하겠고 또다시 밤에는 수면제 복용…. 이렇게 얼마 동안을 수면제 없이는 잠을 못 자는 날들을 경험했다. 그러다 보니 낮의 생활은 너무 엉망이었다. 신경이 예민해져서 스트레스 상황에 노출되면 바로 화를 많이 내고 후회하고 자책하고를 반복했었다.

어느 날, 낮에 차를 타고 외출했다가 집으로 돌아오는 길을 잃고(차 안에 내비게이션이 있었음) 헤매며 공황 상태가 되어 땀을 뻘뻘 흘리며 혼자 차 안에서 벌벌 떤 일로 충격을 받고 나는 결정을 해야 했다. 수면제를 끊고 정신의 힘을 키울 수 있는 것은 운동밖에 없었다.

매일 새벽 5시 30분에 기상해서 6시에 집 근처 뒷산에 무조건 올랐다(왕복 3~4시간).

처음부터 잘되진 않았다. 글로 표현하니 그렇지, 나도 몇 번이고 실패했었다.

다시 약을 먹고 똑같은 일을 반복하면서도 얼마 동안은 낮에 너무 피곤해도 안 자려고 노력했고 그럼에도 잠이 쏟아지면 쪽잠을 자면서 이겨 내는 시간이 있었다. 그렇게 성공과 실패를 반복하면서 포기하지 않은 얼마만에 밤에 잠을 자는 듯하다가 어떤 소리에 잠이 탁 하고 깨면 또다시 머~~엉 때리고 밤새 들락날락…. 혼자서 미칠 것 같은 시간을 보내며 마음에서는 '그냥 죽게 되면 죽자~~ 미치게 되면 미치자~~ 내가 여기서 약을 못 끊으면 계속 이런 상황은 이어질 텐데…. 그러면 우리 아들은 어떻게 되겠나?' 하며 조금씩 조금씩 용기를 가지고 회복하며 수면제와의 이별을 할 수 있었다. 이렇게 포기하지 않고 3년 정도 꾸준하게 했다.

힘들 때마다 자식을 생각하면 정신이 번쩍 차려졌고 이는 운동을 통한 몸을 먼저 세우는 것이었으며 수련을 통한 생각과 사실을 구별시키는 힘이었다.

나중에 정리해 보니 윌리엄 글라세의 《당신의 삶을 누가 통제하는가》에서 나오는 '신뇌와 구뇌의 재조직'이 이때부터 되지 않았나 생각해 본다.

우리는 빠른 경제 성장을 위해 미친 듯이 달려왔다. 미국을 비롯한 유럽 등에서 이뤄 낸 경제 성장의 300년 동안의 결과들을 한국은 약 50~60년 만에 이뤄 냈다고 한다.

그렇게 하느라고 사람으로서 누리고 만나야 할 삶들을 얼마나 많이 놓쳤는지 모른다.

"먹고사는 일이 우선이었어요."라며….

우리의 부모님 세대로부터 이어진 무지 속의 수치심과 두려움이 자식들에게 이어지고 그 과제를 종교도 해결을 못 해 주는 갈등 구조로 무섭게 나타나는 때이기도 하다.

마음 둘 자리 없이 바삐 돌아갈 때 아이들은 SNS에서, 메신저에서 위로를 받고 힘을 얻는 시대가 되었다. 그곳에서 '좋아요' 버튼 하나로 행복하게 해 주고 '최고예요' 하며 '엄지척'으로 인정받는 것이 어느 선생, 어느 부모보다 훨씬 더 살아가는 의미를 갖게 한다.

그도 저도 없는 아이들이, 청년들이 일자리가 없어서 할 수 없이 쉴 때, 맘 편히 쉬라고 따뜻하게 응원은 못 할지언정 "라떼는~~"이라고 하면 곤란할 것 같다. "그 나이에 무슨 일이든 못 하겠어?"라고 하지만 외국 유학까지 갔다 와서 정말 무슨 일이라서 못 하는 게 얼마나 뼈아픈지 청년들은 말한다.

자칫 우울증과 자기 비하와 분노에 빠지게 되면 중독의 유혹으로 쉽게 빠질 수 있다. 그것을 노려 상업화를 해 돈을 벌려는 들개와 하이에나 같은 인간들이 얼마나 많은지 모른다.

중독은 어떤 것이라 할지라도 대가가 혹독하다.

뇌를 망가트리는 것이라서 더욱 그렇다. 그럼에도 어떻게든 빠져나와야 한다.

햇볕을 보고 흙냄새를 맡고 땀을 흘리고 감사하고 춤추고 많이 울고 많이 웃고 마음을 열고 많이 나눠야 한다.

나는 폭식, 무기력, 우울증과 게임, 도박, 술에 중독되어 인생을 낭비하며 허우적거리다가 때와 방법을 잘 만나 치료하여 자신의 인생을 새롭게 창업하는 사람들을 수도 없이 봤다.

얼마든지 가능한 일이다. 아니 중독되기 이전보다 더 똑똑해지고 명료해지며 새롭게 되어 매력 있는 사람들로 변신하는 것을 보면서 고치고자 하는 자신의 의지만 있다면 얼마든지 가능한 일이라고 생각한다.

단체를 이용하는 프로그램의 도움도 얼마든지 받을 수 있다.

어떤 것이라 할지라도 일단 본인이 중독[술, 성(性), 도박, 마약, 우울, 폭식, 무기력]이 됐다면 혼자서는 해결하기 힘들다. 의지나 노력의 문제가 아니라 방법의 문제이기 때문이다.

윌리엄 글라세의 《당신의 삶을 누가 통제하는가》에서 약물 중독에 관한 화학적 작용의 5가지 활동에 대한 언급을 인용한 글이다.

① 아편제

모든 아편제는 통제 체계에 입각하여 작용함으로써 직접적으로 우리를 기분 좋게 만들어 준다.

② 마리화나와 LSD-마리화나

• **마리화나**

우리가 세상을 살기에 쉽고 안락한 것으로 느끼도록 우리의 지각용 카메라에 작용을 한다.

• **LSD-마리화나**

새로운 감각적인 경험을 추구하는 사람들에게 LSD를 사용하는 동안 세상을 왜곡되게 변화된 것으로 자각하여 환각에 빠지게 한다.

③ 알코올

다른 어떤 약물보다도 알코올 사용자에게 빠르고 강력한 통제감을 준다.

알코올의 가장 해로운 작용은 약물이 차차 없어지기 시작할 때까지 음주자가 통제력을 상실했다는 사실을 인식하지 못한다는 점이다. 그는 가능한 한 빨리 술을 다시 마시게 되며 그때마다 자신이 마침내 통제력을 다시 얻었다고 믿게 된다. 또한 그가 하는 모든 일이 자신의 통제력을 증가시켜 준다고 믿는다.

그가 하는 일(그가 자신이 통제하고 있다고 생각하며 자신이 취했다는 것을 깨닫지 못한다는 사실을 기억하라)이 알코올의 가장 파괴적인 측면 곧 폭력으로 특히, 아내와 자녀를 때리는 행동과 술에 취해 운전을 하는 것이다.

④ 카페인, 니코틴, 코카인

짧은 시간 동안 실제로 그 사용자에게 삶의 통제력을 증가시켜 준다.

⑤ 바르비투르산염, 바리움, 콰루드

이 약물들은 긴장한 환자들이 긴장을 풀도록 도와주고 잠자는 데 어려움을 겪는 환자들을 돕고자 의사들이 처방한 약물이다.

우리가 모르핀, 코카인, 발리움과 같은 약물의 복용을 중단한다면 두뇌가 복용 이전의 정상적인 기능으로 되돌아가서 그 약물을 '잊기'까지에는 매우 긴 시간이 걸리며, 심지어는 몇 년의 기간이 걸릴 수도 있다. 이 기간 동안 우리는 그 약물이 없이는 좋은 기분을 거의 느낄 수 없게 되는데, 그 이유는 우리가 효과적으로 통제할 때에 두뇌가 정상적으로 분비하던 자연적인 쾌감 물질을 분비하지 못하기 때문이다. 우리에게 좋은 기분을 느끼게 하기 위해 필요한 자연적인 쾌감 물질을 두뇌가 분비하기를 기다리는 동안 즐거움이 없는 비참한 기간을 투쟁하고 싸워야만 한다.

《당신의 삶을 누가 통제하는가》, 윌리엄 글라세, 김인자 옮김(한국심리상담연구소: 2019 개정 5판), 260, 261, 262, 263, 264, 265P

 감독: 시띠시리 몽꼴시리/태국/145분/2023년
주연: 추티몬 충차로엔수킹 외

헝거

> 인정받고 싶은 허기(Hunger),
> 특별함을 갖고 싶은 허기(Hunger)

오랜만에 가슴에 와닿는 태국 영화를 만났다.

이 영화는 인간의 가장 기본적인 식욕이 인간의 또 다른 욕망, 열정, 권력, 학대, 통제, 야망, 집착, 성공 등과 어떤 관계가 있는지를 그려 낸 영화이다.

인간의 가장 기본 욕구인 식욕을 넘어가지 못하면 욕망에 통제당하며 더 큰 욕망으로 허덕이며 삶을 송두리째 뺏길 수 있다는 것을 보여 주는 영화이다.

주인공 오이는 길거리 음식점에서 대만 특유의 국수를 만들며 살다가 유명한 폴 셰프가 운영하는 '헝거'에 캐스팅된다.

어린 시절 폴은 부잣집의 주방 관리사로 일을 하던 엄마를 따라다니며 부자들이 어떻게 사는지를 보고 자란다.

그들이 식빵에 캐비어를 발라 먹는 것이 부럽기도 하고 궁금하기도 해 주방 냉장고에서 캐비어 병을 꺼내다가 집주인 아들에게 들키는 바람에 놀라 병을 깨트리고 그 일로 폴의 엄마는 캐비어 값을 물어 주느라 몇 달을 고생을 한다. 병째 버려진 캐비어를 치우며 어린 폴은 캐비어 몇 알을 입에 넣고 그때 알게 된다. 부자들은 캐비어를 맛으로 먹는 것이 아니라 비싼 것이기 때문에 먹는다는 것을.

폴은 인간의 허기(Hunger) 근원을 이렇게 말한다.

"가난한 자들은 허기(Hunger)를 끝내려고 먹는다. 그러나 먹고살 돈이 생기면 허기(Hunger)는 사라지지 않는다. 인정받고 싶은 허기(Hunger), 특별한 것을 갖고 싶은 허기(Hunger), 특별한 경험을 하고 싶은 허기(Hunger), 나는 그들의 그런 욕망의 허기를 달래 주려고 음식을 만든다."

매슬로의 인간의 욕구 5단계를 생각하게 한다.

우리가 먹는 욕구, 즉 생존의 욕구에서 머물지 않고 소속과 안전을 넘어 자아실현으로 넘나드는 욕구의 중요성을 보게 한다.

폴 셰프가 운영하는 헝거(Hunger) 주방에서 식자재 도난 사건이 생긴다.

범인인 수 셰프는 "내가 이곳에서 수십 년간 일을 했어도 그 고급 요리를 왜 우리는 제대로 먹질 못하는가?"라며 불만을 제기하자 폴은 "우리가 만드는 음식은 부자들을 위한 것들이다. 만약 먹고 싶다면 내게 돈을 지불하라~"라고 말한다.

사람들의 먹는 음식으로 그들의 수준을 결정짓는다. 내 수준보다 위에 있는 수준의 음식을 먹게 되면 우리의 입맛은 그것을 계속 먹고 싶어 하는 '뇌의 항상성'을 이기기가 어렵다.

입맛은 생각을 못 바꾸게 하는 무서운 힘이 있기 때문이다.

이것은 음식뿐만이 아니라 자신의 수준과 입장은 생각지 않고 스스로 속이는 현실을 만들어 낼 수도 있다.

비싼 가격을 치르는 것이 아무렇지 않은 사람들을 상대로 일하는 직업들, 예를 들자면 대사관, 호텔과 면세점, 백화점, 외국인까지 상대로 하는 카지노 등….

그들 상대로 일하는 사람들의 직업관이 뚜렷하지 않으면 매일 보고, 듣고, 상대하는 일에 영향을 받을 수가 있다.

내가 대학 들어가면서(1979년) 알바로 명동에 있는 P 호텔 커피숍에서 웨이트리스로 근무한 경험이 있다.

그 당시 그 호텔은 일본 관광객으로 객실은 넘쳐 났으며 부대시설은 물론 사우나까지 매우 왕성하게 장사가 잘되는 4성급 호텔이었다. 커피숍에는 매일 연예인, 프로 작곡가, 가수와 밴드 등 심심치 않게 앉아 있었고 그들은 내게 개인적 물품 보관 부탁도 하며 '모모'라는 애칭을 불러 줄 정도의 친밀감도 있었다.

어느 날 우리 호텔 여자 직원 숙소에 일명 '미제 아줌마'의 등장으로 나는 새로운 세계를 봤다. 그분이 갖고 온 이민 보따리 가방에서 나오는 물건들은 내 눈을 휘둥그레지게 했고 미국 영화에서나 본 너무도 예쁘고 고급스러운 와코루 속옷을 비롯해 액세서리와 명품 가방과 신발, 향수, 화장품과 난생처음 먹어 본 시식용 미제 '허쉬 초콜릿'의 맛과 몸에 발라 준 샤넬 보디로션과 파우더는 충격 그 자체였다.

더 놀라운 것은 함께 일하는 언니들이 너도나도 할 것 없이 그 물건들을 앞다퉈 다 산다는 것과 그 물건의 값이 우리의 월급에 비해 어마어마했던 기억이다. 그곳 언니들은 호텔 부대시설에서 고생하며 돈을 버는 웨이트리스와 카운터를 맡는 캐셔들이었는데 고객들이 내는 돈들의 단위가 크고 팁을 많이 받긴 했지만 분명한 것은 그 당시 자신들의 위치와 수준은 서비스하는 직업이라는 범위를 넘어섰던 것이다.

분명하고도 명확한 소신과 윤리의 직업관으로 가지 않으면 그럴 것이 아닌데 고객들 수준에 상대적 박탈감에 시달리며 자신들의 수준에서 잘 모르면서 고객들을 판단하고 이러쿵저러쿵 불평불만을 하는 어리석은 행동을 할 수 있기 때문이다.

나는 2021년까지 이탈리안 레스토랑 경영 매니저 역할을 했다. 주방의 질서와 그들 안의 서열과 구조를 경험해 보며 이 영화에서 주방 안에 왜 민주주의가 없다고 하는지가 너무 이해되고 공감되었다. 불과 칼을 쓰는 그들만의 효율적인 통제 구조이기 때문이다.

폴이 주방에서 하는 말과 행동은 틀린 것은 없으나 매우 강한 것을 느낄 수 있다.

폴의 어린 시절 캐비어 사건 트라우마는 강직한 사람으로 살게 한다. 어떤 부분으로는 틀림없고 정확한 사람, 실수 없는 사람이라고 할 수 있으나 그 내면에는 상처받은 어린아이가 울고 있다고 볼 수 있다. 다시는 그런 상처받고 싶지 않은 철저함으로 자신을 성장시켰을 것이고 그 힘으로 프로의 세계에서는 인정받을 수 있었을 것이다. 상대들과의 관계에서도 절대로 실수는 안 하지만 타인들의 실수도 용납을 못 하는 수치심으로 포장된 깐깐한 사람일 수 있다. 그럼에도 우주는 또 이런 사람들, 이런 기관들의 가치관과 욕망을 이용해 세상을 통합해 나가시며 선을 이루신다.

오이는 특별해지고 싶어서 '헝거'에서 최선을 다한다. 폴의 주방에서 하는 방식을 따르기만 하면 성공이 보장될 수 있으나 음식과 짐승들의 생명에 대한 자신의 양심을 속일 수 없음을 알고 폴을 떠나 홀로서기를 한다.

영화의 마지막 부분, 폴과 오이는 '신에게 바치는 제물의 향연'이라는 제목으로 인간의 식욕을 자극하는 대결 퍼포먼스의 장면이 나온다.

오이는 '정성과 사랑이 담긴 음식'이라는 테마로 만들고 폴은 자극적인 퍼포먼스로 사람들의 오감을 사로잡는다.

마지막 대결이 끝날 즈음 폴이 오이에게 다가와 하는 말,

"네 음식이 아무리 맛있고 화려하고 창의적인들 믿음을 절대로 이길 순 없어. 저 인간들은 날 믿어 줬지. 애초에 내 손을 들어 준 것이라고….."

폴이 국립공원에서 코뿔새의 목을 따서 피를 내어 조리하는 장면이 동영상으로 유출되어 연행되며 하는 말,

"나 같은 사람은 법 위에 군림한다. 부자들은 더 줄을 설 것이다. 사냥 가지고….."라는 의미심장한 말을 남긴다.

요즘 어떤 이슈로 정치계, 경제계, 연예인 등 유명 인사들이 법원의 포토 라인 앞에서 사진이 찍혀 나오면 바로 동영상, 혹은 관련 숏 컷과 글 등에서는 연행된 이슈보다는 그 사람이 입은 옷, 가방, 구두, 재킷, 선글라스, 스카프 등이 오히려 더 광고되어 불티나게 팔린다고도 한다. 쏠쏠하지만 어쩌겠는가? 폴이 말한 캐비어와 허기에 대한 것을 인정하지 않을 수 없다.

"인정받고 싶은 허기(Hunger), 특별한 것을 갖고 싶은 허기(Hunger), 특별한 경험을 하고 싶은 허기(Hunger), 나는 그들의 그런 욕망의 허기를 달래 주려고 음식을 만든다."

마음을 치유하는 영화 - 시네마 테라피

1판 1쇄 발행 2023년 7월 28일

지은이 모경자

편집 이새희   일러스트 정일모
마케팅·지원 김혜지

펴낸곳 (주)하움출판사   펴낸이 문현광

이메일 haum1000@naver.com   홈페이지 haum.kr
블로그 blog.naver.com/haum1000   인스타 @haum1000

ISBN 979-11-6440-398-1(03180)